Sina Neutzer
Am Dürerheim 23
47802 Krefeld
Tel. 0 21 51 / 56 38 36

Kerstin Diacont
Bodenarbeit mit Pferden

Kerstin Diacont

Bodenarbeit mit Pferden

Der neue Weg, Pferde selbst auszubilden und zu korrigieren

Die Deutsche Bibliothek – CIP-Einheitsaufnahme

Diacont, Kerstin:
Bodenarbeit mit Pferden : der neue Weg, Pferde
selbst auszubilden und zu korrigieren /
Kerstin Diacont. – 2. Aufl. – München ; Wien ;
Zürich : BLV, 1996
    ISBN 3-405-14495-7

Bildnachweis

Grafik: Kerstin Diacont

Fotos:
Martina Belzer
Seiten 17, 19, 21, 26, 28, 31, 41, 43,
47, 58, 59, 63, 65, 66, 69, 72, 73, 93, 112,
120, 122, 127, 128, 129, 131, 132
Kerstin Diacont
Seiten 12, 13, 14, 21, 26, 31, 32, 33,
34, 37, 39, 44, 45, 50, 51, 52, 56, 63, 74,
77, 79, 81, 82, 84, 86, 90, 91, 92, 98, 100,
101, 103, 104, 113, 124, 126, 130, 133,
134, 135, 139, 140, 143

Umschlaggestaltung:
Zero Werbeagentur GmbH, München

Umschlagfoto: Kerstin Diacont

Layout und Satz: Kerstin Diacont, Neu-Isenburg

**BLV Verlagsgesellschaft mbH
München Wien Zürich**
80797 München

Zweite Auflage

© BLV Verlagsgesellschaft mbH,
München 1996

Druck und Bindung: Pustet, Regensburg

Gedruckt auf chlorfrei gebleichtem Papier

Printed in Germany · ISBN 3-405-14495-7

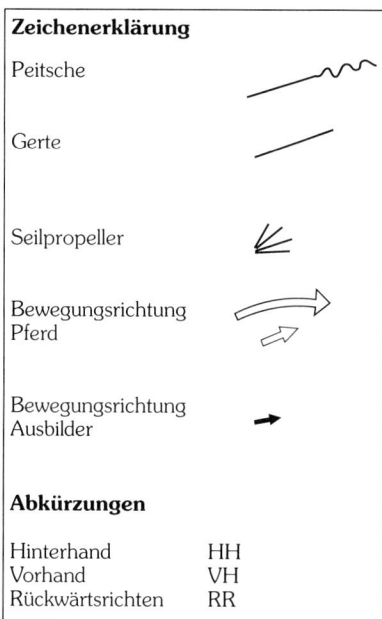

Zeichenerklärung

Peitsche

Gerte

Seilpropeller

Bewegungsrichtung
Pferd

Bewegungsrichtung
Ausbilder

Abkürzungen

Hinterhand	HH
Vorhand	VH
Rückwärtsrichten	RR

Dank für die Hilfe bei der Fotoerstellung und
beim Korrekturlesen an:
Martina Belzer, Peter Steding, Sigrid Kolbe,
Juana und Wilfried Kißner, Ute Merkel,
Jaqueline Passmann, Regina Schuchmann,
Anette Schürrlein und Claudia Holstein

Inhalt

Vorwort

Dieses Buch soll sich hauptsächlich mit dem Verhältnis Mensch-Pferd beschäftigen – auf einer Ebene, der meist viel zu wenig Beachtung geschenkt wird, weil sich dabei nämlich der Ausbilder/Reiter auf dem Boden befindet, und nicht auf dem Pferd.

Die meisten Reiter beschäftigen sich nur dann intensiv mit auftretenden Problemen, wenn sie auf dem Pferd sitzen. Daß manche der Probleme von unten – bei der Bodenarbeit – viel besser behoben oder auch vermieden werden können, ist vielen nicht bekannt oder nicht klar genug.

Herausragende Beispiele der Bodenarbeit sind z.B. die Freiheitsdressur oder die Lektionen der Hohen Schule am langen Zügel – als solche nicht unbedingt von jedem nachvollziehbar und deswegen in diesem Buch auch nicht im Vordergrund stehend.

Was jedoch von jedem, der sich mit Pferden beschäftigt, geleistet werden kann, wenn er sich eingehend mit dem natürlichen Verhalten seines Pferdes auseinandersetzt, ist eine Basisausbildung an der Hand, die den Gehorsam und das Vertrauen des Pferdes fördert. Das Fluchttier Pferd wird für den künftigen Reiter berechenbarer, wenn er sich seiner Dominanz über das Pferd sicher sein kann. Aber auch das Pferd fühlt sich bei einem Reiter, welcher un-

zweifelhaft der Ranghöhere ist, sicherer. (Dominanz meint hier nicht ein gewaltsames Unterjochen der Pferdepersönlichkeit, sondern eine natürliche Rangfolge, wie sie auch in der Herde herrscht und herrschen muß, um das Verhalten der Pferde untereinander zu regeln.) Das Reiten selbst wird dadurch entspannter, da evtl. vorhandene Ängste des Reiters vor unberechenbarem Verhalten des Pferdes abgebaut werden. Probleme unter dem Sattel sind durch gymnastizierende und entspannende Übungen an der Hand zu vermeiden und zu beheben.

Auch die Beobachtungsgabe des Reiters wird durch richtige Arbeit an der Hand – besonders beim Longieren – geschult. Gerade der Anfänger kann hier »sehen lernen«, kann lernen, wie er Verspannungen und andere Unregelmäßigkeiten im Bewegungsablauf, wie Taktfehler und Lahmheiten, erkennt. Hier gilt in abgewandelter Form der alte philosophische Grundsatz, daß der Mensch nur das (wieder)erkennen kann, was er benennen kann. Ist er in der Lage, einen Fehler im Bewegungsablauf des Pferdes von unten zu erkennen und in eine Kategorie seines Denkens einzuordnen, wird er ihn auch vom Pferderücken aus schneller wahrnehmen.

Um einen Fehler zu erkennen, muß jedoch auch die Vorstellung davon existieren, wie die Bewegung richtig aussehen soll. Dazu ist es nötig, Leitbilder zu entwickeln, einen Sollzustand, der mit dem Istzustand des gerade Gesehenen verglichen werden kann.

Schnelle, intuitive Reaktionen des Reiters/Ausbilders, wie sie sowohl bei der Bodenarbeit als auch beim Reiten nötig werden, wenn das Pferd sich in irgendeiner Form widersetzen will, werden durch genaues Beobachten erst möglich. Erst wenn der Reiter gelernt hat, im Ansatz zu erkennen, was das Pferd zu tun beabsichtigt, kann er unerwünschten Aktionen des Pferdes zuverlässig entgegenwirken – und festigt damit seine Dominanz.

Auch das Bewußtmachen der eigenen Bewegungen und ihrer Wirkung auf das Pferd (Körpersprache) wird ausführlich behandelt, um dem Reiter bzw. Bodenausbilder die Möglichkeit der Selbstkontrolle über das Feedback seines Pferdes zu geben. Die Körpersprache ist ein elementares Bauteil der Verständigung zwischen Reiter/Ausbilder und Pferd – zu Anfang haben Pferd und Mensch keine anderen Gemeinsamkeiten, die von beiden verstanden werden, als den Ausdruck ihres eigenen Körpers. Erst später bauen sie bei der Arbeit miteinander einen komplexeren Sprachschatz auf.

Der positive Kreislauf: entspanntes und gehorsames und damit weitgehend berechenbares Pferd – Angstfreiheit durch Sicherheit im Umgang mit dem Pferd aufgrund der besseren Berechenbarkeit seiner Aktionen und Reaktionen – Verbesserung der natürlichen Autorität des Reiters aufgrund dieses Gefühls der Sicherheit – dadurch weitere Verbesserung des Gehorsams beim Pferd u.s.w. kann mit richtiger Bodenarbeit sehr viel einfacher in Gang gesetzt werden als mit der Arbeit im Sattel.

Dies gilt prinzipiell für jeden Reiter und jedes Pferd, insbesondere jedoch für die Arbeit mit jungen Pferden, bei denen sich das Einreiten über die Bodenarbeit sehr viel einfacher gestaltet, sowie für Problempferde und/oder ängstliche Reiter, die sich schon in einem negativen Kreislauf aus Angst, Unsicherheit und Verspannung befinden. Dieser negative Kreislauf kann sogar in manchen Fällen nur noch durch eine der vielen Möglichkeiten der Bodenarbeit nachhaltig unterbrochen werden.

Das Buch über die Bodenarbeit soll einen kleinen Beitrag leisten auf dem Weg zu natürlichem Umgang mit dem Pferd – und später zu harmonischem Reiten.

Es soll vor allem auch die geistige Vorarbeit deutlich machen, die zum Reiten und zum Umgang mit Pferden nötig ist, jedoch so selten im Schulbetrieb gelehrt wird.

Theorie

Psychologisches Grundwissen

Basiswissen aus Psychologie und Herdenverhalten des Pferdes sind die Voraussetzung für richtige und effektive Bodenarbeit

Allgemeines

Ein Pferd ist nur in Lage, richtig d.h. »gut« auf die Hilfen oder sonstigen Forderungen seines Ausbilders zu reagieren, wenn es sich mit ihm und seinem eigenen Umfeld im Einklang befindet. Nur ein »zufriedenes« Pferd wird maximale Leistungsbereitschaft zeigen. Zufrieden ist es jedoch nur dann, wenn ihm der Mensch ermöglicht, seine sozialen, psychischen und physischen Bedürfnisse zu befriedigen. Da dies nicht immer vollständig möglich ist, weil die Haltung des Pferdes in seiner natürlichsten Form, im geschlossenen Herdenverband, dem Menschen nur schlechten Zugriff auf das Pferd bietet, muß eine praktizierbare Lösung gefunden werden, die Mensch und Pferd gerecht wird. Eine Lösung, die nur der vordergründigen Bequemlichkeit des Menschen dient – also schlimmstenfalls Boxen- oder gar Ständerhaltung des Pferdes ohne freien Auslauf und mit nur einer Stunde Beschäftigung am Tag –, kann auf Dauer nur schaden. Sie schadet nicht nur dem Pferd, bei dem sich

Verhaltensstörungen, wie z.B. Weben, Koppen, übermäßige Schreckhaftigkeit oder ein völliges Abstumpfen gegen äußere Reize, einstellen können, sondern auch dem Menschen, der sich dann mit den haltungsbedingten, also von ihm selbst verursachten, Unarten des Pferdes herumschlagen muß. Statt sich darüber zu ärgern, sollte er lieber pferdegerechte Abhilfe schaffen und sich darüber klarwerden, daß es prinzipiell die ethische Pflicht eines jeden geistig höher entwickelten Wesens ist, den Bedürfnissen eines ihm anvertrauten Tieres gerecht zu werden. Gründet sich die Beschäftigung mit dem Pferd auf ein wenig Einfühlungsvermögen in die Belange einer uns vorläufig fremden Lebensform, so lassen sich viele Schwierigkeiten bei der »Nutzung« des Pferdes vermeiden oder beheben, und beide – Reiter und Pferd – sind zufriedener.

Die folgenden Abschnitte werden sich mit der Verhaltensstruktur der Pferde beschäftigen und damit, wie der Mensch pferdegerecht und pferdeverständlich agieren und reagieren und sich dem Pferd »natürlich« verständlich machen kann. Dies sind die Grundlagen von Erziehung und Training des Pferdes vom Boden aus sowie auch später unter dem Reiter.

11

Erlernen der Pferdesprache

In diesem Kapitel soll das arttypische Verhalten der Pferde behandelt werden. Anregungen werden gegeben, wie es für die Ausbildung zu nutzen ist. (Genauere praktische Anleitungen – siehe auch Kapitel Grundlegende Arbeit)

Herdenverhalten, Rangordnung, Sozialverhalten

Jedes geordnete Zusammenleben einer Gruppe von Individuen gründet sich auf bestimmte Regeln. Eine der wichtigsten Regelungen ist die der Position, die der einzelne innerhalb der Gruppe beanspruchen kann – wem er selbst aus dem Wege gehen oder gehorchen muß und von wem er Gehorsam fordern kann. Auseinandersetzungen um die Position, den Rang, den der einzelne bekleidet, gibt es in jeder Gruppierung: beim Menschen subtiler und schwerer durchschaubar, beim Pferd leichter durchschaubar – und was für die Pferdeausbildung wichtig ist, vom Menschen teilweise imitierbar.

Interessant ist in diesem Zusammenhang die Art und Weise, wie die einzelne Position im Herdenverband erreicht wird.

Männliche Tiere müssen sie erkämpfen. Daraus ergibt sich die schwerere Handhabbarkeit von Hengsten bei der Arbeit. Sie sind schneller zu provozieren, lassen sich weniger Ungerechtigkeiten gefallen und müssen vor allem konsequenter behandelt werden.

Weibliche Tiere vererben ihre Rangfolge. Das Fohlen einer Stute, die den zweiten Rang in einer Herde einnimmt, hat auch diesen zweiten Rang. Wird es älter, so muß der junge Hengst um die Position kämpfen, die junge Stute jedoch nicht. Damit ist die Feindseligkeit zwischen manchen Stuten gut zu erklären. Sie haben unter Umständen den gleichen Rang und können sich deswegen nicht einigen.

Artgerechte Haltung auf der Weide.

Drückt der Mensch seine Position innerhalb der Gemeinschaft durch Statussymbole wie den Mercedes als Geschäftswagen, die Rolex am Handgelenk oder die teuren Designer-Möbel aus, so sind viele dieser Symbole nur in einem bestimmten Umfeld allgemein verständlich und werden in einem anderen Umfeld, einer anderen menschlichen Gemeinschaft mit anderen Wertbegriffen, nicht erkannt.

Fehlende menschliche Autorität oder Charakterstärke kann unter Umständen in menschlicher Gesellschaft sehr lange durch Äußerlichkeiten überspielt werden, bevor sie von anderen entdeckt wird.

Pferde hingegen entdecken die Schwäche eines Artgenossen, aber auch die menschlichen Schwächen an ihrem Ausbilder sehr schnell, weil sie sich nicht durch Statussymbole blenden lassen. Ihr System der Einordnung wird von jedem Pferd verstanden (sofern es nicht deutliche Verhaltensstörungen zeigt, was auch nicht selten vorkommt) und kann auch vom Menschen prinzipiell verstanden und ausgenutzt werden. Es basiert auf dem einfachen Grundsatz, daß das rangniedere Pferd dem ranghöheren ausweichen muß.

Das ranghöchste Pferd (das Leitpferd) kann grundsätzlich jedes andere Pferd von seinem Platz vertreiben – ob beim Fressen, an der Tränke oder einfach aus einer Laune heraus, ohne ersichtlichen Grund.

Die Rangordnung der Pferde untereinander auf einer beliebigen Weide ist also daran zu erkennen, welches Pferd vor welchem das Feld räumt. Der Mensch kann sich nun zum Leitpferd aufschwingen, indem er sein Pferd von dessen Standplatz auf Koppel oder Auslauf vertreibt. Er kann dies völlig ohne Grund tun – seine Absicht wird vom Pferd immer verstanden aufgrund des natürlichen Verhaltensmusters, das diesem Vertreiben und Vertriebenwerden zugrunde liegt. Er sollte dies aus Gründen seiner eigenen Sicherheit jedoch nicht im Herdenverband tun, sondern dann, wenn das Pferd allein auf dem Auslauf steht. Besonders Pferde, die lange verhätschelt und vermenschlicht wurden, werden den Menschen, der da ihren Platz beansprucht, erst einmal nicht für voll nehmen. Eine Gerte oder Peitsche und gute Beherrschung der eigenen Körpersprache (siehe entspr. Kap.) sind notwendig, um sich solch ein Pferd, welches es auf eine Rangauseinandersetzung mit dem Menschen anlegt, vom Leibe zu halten

(näheres dazu ab Seite 55). Neben diesem Vertreiben vom Platz gibt es ein weiteres deutliches Merkmal für den Rang, den ein Pferd in der Herde innehat. Es ist dies seine Position neben, vor oder hinter anderen Pferden, wenn sich die gesamte Gruppe oder mehrere Pferde bewegen.

Die Mutterstute bietet dem Fohlen Schutz.

Der Hengst treibt die Stute seitlich von hinten.

Im einzelnen läßt sich Folgendes erkennen:

1. Ein rangniederes Pferd darf ein ranghohes nicht überholen.

Das ranghohe Pferd wird seine Position mit einem drohend nach hinten gerichteten Zähneblecken und Ohrenanlegen oder einem gezielten Huftritt verteidigen, wenn es das für nötig hält.

Ein rangniederes Tier kann sowohl direkt hinter dem ranghohen laufen als auch schräg versetzt mit seinem Kopf in Höhe der Schulter des Vorderpferdes. Weiter darf es sich jedoch nicht mehr vorwagen, will es sich nicht den Angriffen des anderen aussetzen.

2. Das rangniedere Pferd wird einem ranghohen normalerweise auch in Gefahrensituationen bedingungslos hinterherlaufen, weil das ranghöhere Pferd gleichzeitig eine Schutzfunktion ausübt.

Dieses Verhalten führt dazu, daß die Herde bei einer Bedrohung nicht in alle Windrichtungen auseinanderstiebt, sondern auch auf der Flucht den Schutz, den die Menge bietet, wahrnehmen kann. Besonders für Fohlen gilt dieses bedingungslose Hinterherlaufen hinter der schützenden Mutter. Die ranghohen Pferde geben also die Richtung der Flucht bzw. der Bewegung an. Diese Richtung wird von den anderen nicht in Frage gestellt.

3. Das ranghöchste Tier/der Leithengst kann jedes andere Tier der Gemeinschaft von hinten und von der Seite treiben. In jede beliebige Richtung – auch kurzfristig von der Herde weg. Er hält damit einerseits seine Herde zusammen, verweist andererseits dreiste Jungtiere in ihre Schranken.

4. Leitstute und Leithengst existieren nebeneinander in der Herde. Sie stehen normalerweise nicht in Konkurrenz zueinander. Jedes hat sein Aufgabengebiet. Setzt sich die Herde in Bewegung, so geht meistens die Leitstute voran. Der Leithengst gibt Rückendeckung. Er kann auch die Leitstute von hinten treiben, wenn er mit der Richtung nicht einverstanden ist.

Diese vier Grundmuster in der natürlichen Bewegung von Pferden muß nun der Ausbilder im Gedächtnis behalten, denn er kann sie zur Erleichterung seiner Arbeit nutzen:

Grundmuster nutzen

Wie ? Ganz einfach beim Führen des Pferdes. Wie oft kann man sehen, daß nicht der Mensch ein Pferd führt, sondern umgekehrt vom Pferd geführt wird, sprich mehr oder weniger elegant hinterhergezogen. Tempo und teilweise auch Richtung werden vom Vierbeiner bestimmt. Oder das andere Extrem: das Pferd schlurft hinter seinem Reiter her, schaut in der Weltgeschichte herum und rennt den Menschen fast um, wenn dieser unvermittelt stehenbleibt. Beide Pferde haben keinen Respekt vor ihren Ausbildern/Reitern. Sie tun unter dem Sattel manchmal oder meistens das, was von ihnen verlangt wird. Befindet sich aber der Reiter auf dem Boden, so wird der mangelnde Respekt durch solch rüpelhaftes Verhalten deutlich. Es hat auch einen plausiblen Grund, warum die meisten Menschen mit ihren Pferden noch schlecht und recht auskommen, solange sie oben sitzen, jedoch Schwierigkeiten haben, wenn sie mit dem Pferd vom Boden aus umgehen sollen: Sitzt der Reiter auf dem Pferd, so imitiert er in etwa die Position, die der Leithengst zum unterlegenen Pferd einnimmt, wenn er es treibt – hinter dem Gesichtskreis des Pferdes. Insofern besitzt er durch seine Position eine gewisse Autorität.

Sinnvoller ist es jedoch, diese Autorität immer – d.h. auch vom Boden aus – zu haben. Das Pferd wird dann sehr viel einfacher zu »handhaben« sein, und es wird in schwierigen Situationen nicht kehrtmachen, sondern auch an der Hand seinem Reiter hinterherlaufen, weil es ihm sein Instinkt gebietet, hinter dem ranghöheren »Tier« herzulaufen. Dies ist besonders für die Ausbildung von Pferden wichtig, die fürs Wanderreiten oder für Trailprüfungen trainiert werden sollen.

Im einzelnen kann man die verschiedenen Positionen für das »Führtraining« folgendermaßen nutzen:

1. Das Pferd darf den Menschen nicht überholen.

Angenommen, es wird im Schritt geführt. Es soll sich dabei mit seinem Kopf hinter der Schulter des Ausbilders befinden. Macht es Anstalten, diesen Platz zu verlassen, so bekommt es mit dem Halfter einen kräftigen Ruck auf die Nase. Reagiert es nicht, so kann der Mensch ihm den Ellbogen vor die Nase halten oder auch stehenbleiben und ihm das lose Führstrickende gegen die Brust klatschen, wenn es an ihm vorbeidrängeln will.

Hilft alles nichts, so wird mit Führkette geführt. Ein kurzer Ruck an der Führkette verweist das Pferd mit einiger Sicherheit in die Schranken. Wenn nicht der erste Ruck, dann ein zweiter oder dritter. Auf keinen Fall darf sich der Ausbilder auf einen Ziehkampf mit dem Pferd einlassen, denn dabei gewinnt das Pferd allein durch seine Körperkraft. Er muß also den Führstrick immer wieder locker lassen (die Westernreiter nennen dies treffend die Pull-and-Slack-Methode) und durch wiederholtes kurzes, hartes Annehmen dem Pferd das Stürmen an der Hand unangenehm machen. Hat das Pferd eingesehen, daß sein Platz schräg hinter dem Menschen ist, so können sich

weitere Übungen anschließen. Der Mensch kann nun die uneingeschränkte Aufmerksamkeit des Pferdes auf seine Bewegungen fordern. Er bleibt z.B. abrupt stehen. Läuft das Pferd einfach weiter, so gibt es wieder einen harten Ruck auf die Nase.

Anfangs kann er sein Stehenbleiben mit einem verbalen Kommando wie Ho oder Halt ankündigen. Später soll das Pferd nur auf sein eigenes Stehenbleiben hin reagieren. Diese Übung hat doppelten Nutzen: Erstens hat der Mensch ein angenehm zu führendes Pferd, zweitens lenkt er die Aufmerksamkeit des Pferdes durch häufiges Stehenbleiben und Wiederloslaufen auf seine eigene Person, was für die weitere Ausbildung an der Hand sehr wichtig ist.

Funktioniert die Übung gut, kann das gleiche im Trab trainiert werden. Der Ausbilder läuft vor dem Pferd her und stoppt abrupt. Anfangs kann er das Pferd wieder mit der Stimme vorwarnen oder ihm den erhobenen Arm oder den Ellbogen vor die Nase halten. Später muß das Pferd ohne Vorwarnung reagieren.

Mit dieser Übung kann man seine eigene Position dem Pferd gegenüber stärken sowie auch die Hinterhand des Pferdes trainieren.

Klappt auch diese Lektion, so kann man durch Rückwärtsgehen nach dem Anhalten das Pferd dazu veranlassen,

Die Positionen des Führenden und des Pferdes.

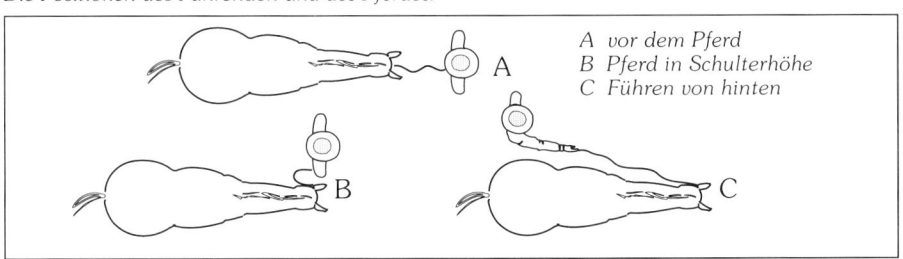

A *vor dem Pferd*
B *Pferd in Schulterhöhe*
C *Führen von hinten*

nach hinten auszuweichen. (Siehe auch Kapitel Dominanztraining.)

Auch ein ängstliches Pferd müßte einem guten Ausbilder nach solchen Übungen fast überallhin folgen: Es darf den Ranghöheren nicht überholen – jedoch bietet dieser ihm Schutz, also kann es ihm bedingungslos folgen.

2. Will man nun als Ausbilder seinen eigenen Rang noch besser festigen, so führt man das Pferd schräg von hinten (treibt es wie der Leithengst).

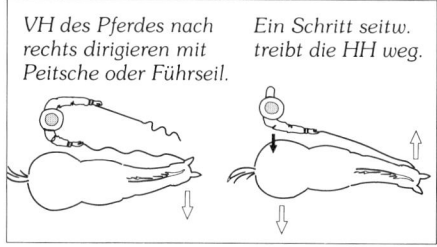

VH des Pferdes nach rechts dirigieren mit Peitsche oder Führseil.

Ein Schritt seitw. treibt die HH weg.

Dirigieren des Pferdes von hinten.

Dazu braucht man ein langes Führseil oder die sogenannten langen Zügel, so daß man selbst schräg hinter der HH des Pferdes laufen kann (siehe auch Kapitel Hilfen und Dominanz).

Durch Wegtreiben der Hinterhand und mit Wellenschlägen des Führseils gegen den Kopf des Pferdes kann man es von hinten dirigieren.

Benutzt der Ausbilder nur einen Führstrick, so ist er sehr auf seine unmißverständliche Körpersprache angewiesen. Bei Verwendung der langen Zügel (siehe Kap. langer Zügel), die in die Trense eingeschnallt werden können, hat er mehr Einwirkung durch »technische Zwangsmittel« auf Kopf und Vorhand und damit auf die Richtung der Bewegungen des Pferdes.

Dieses Treiben von hinten ist für Engstellen von Vorteil, bei denen entweder das Pferd oder der Ausbilder vorangehen müßte, weil für beide nebeneinan-

der kein Platz ist. Das gebräuchliche Führen des Pferdes in Engpässen von vorne ist nicht besonders empfehlenswert, da eine evtl. panische Reaktion, ein »Losschießen« nach vorne für den, der da gerade führt, nicht besonders gesund ist.

Reagiert das Pferd auf das Treiben von hinten, so ist völlig klar, wer von den beiden Beteiligten das Sagen hat, denn die damit imitierte Position des Leithengstes wird so schnell nicht vom getriebenen Pferd in Frage gestellt.

Das oft sichtbare *Drängeln* des Pferdes seitlich gegen den Ausbilder sollte dieser auf keinen Fall damit zu unterbinden versuchen, daß er sich seinerseits gegen das Pferd lehnt. Drängt das Pferd gegen den Ausbilder, so ist dies eine deutliche Verletzung seiner Privatsphäre, also ein Verstoß gegen die Rangfolge. Ein Schnick mit der Gerte gegen den Kopf des Pferdes wird es fernhalten.

Angriffs-und Demutsverhalten

Wichtig für das Verstehen des Pferdeverhaltens ist es, die natürlichen Demutsgebärden sowie das Angriffsverhalten des auf Konfrontation ausgerichteten Pferdes zu kennen.

Demutsgesten sind z.B. das Ausweichen des Pferdes nach rückwärts sowie das Kauen.

Das Ausweichen rückwärts kann der Ausbilder im Zuge der Dominanzarbeit vom Pferd fordern (siehe entsprechendes Kapitel).

Das Kauen mit offenem Maul und Zähneklappen, mit dem ein sehr junges Pferd älteren gegenüber »um Verzeihung« bittet, wird das Pferd im allgemeinen dem Ausbilder gegenüber nur selten zeigen. Was es jedoch zeigt, ist ein Kauen mit geschlossenem Maul, wenn das Pferd bildhaft gesprochen »verarbeitet und verdaut«, also wenn es über eine gerade absolvierte Lektion »nachdenkt«. Sinnvoll ist es immer, das Pferd in solchen Fällen in Ruhe verdauen zu lassen, es also nach neuen oder streßbeladenen Lektionen eine Weile ruhig stehen zu lassen, um das Vorangegangene zu verarbeiten.

Auch das Angriffsverhalten eines Pferdes muß vom Ausbilder deutlich erkannt werden, damit er sofort reagieren kann und nicht erst, wenn er selbst in Bedrängnis kommt. Legt das Pferd die Ohren an und bleckt die Zähne in Richtung des Ausbilders, dreht ihm die Hinterhand zu und winkt mit dem Hinterbein oder erhebt sich ansatzweise unaufgefordert auf die HH, so sind dies deutliche Signale für eine nicht gefestigte Stellung des Ausbilders. Auch das unaufgeforderte Hereinkommen des Pferdes beim Longieren kann ein versteckter Angriff sein.

Reagiert man bei solchen kleinen Machtproben zu langsam, so bekommt das Pferd schnell die Oberhand und kann u.U. gefährlich werden. (Näheres in Kapitel Probleme beseitigen)

Fluchtverhalten Angstüberwindung

Obwohl das Pferd ein Herdentier und kein Einzelgänger ist, braucht es – je nach Pferdepersönlichkeit – einen mehr oder weniger weit gesteckten persönlichen Freiraum. Es braucht diesen, um frei beweglich, d.h. notfalls fluchtbereit zu sein.

Dieses Bedürfnis muß man auch bei der Arbeit mit Pferden beachten, wenn man panische Reaktionen des Pferdes und damit unkontrollierbare Situatio-

Alarmstellung des Pferdes – vorwärts und rückwärts ausgerichtet, wie man an der Stellung der Ohren erkennen kann.

nen weitestgehend ausschließen will. Das Heben von Kopf und Hals versetzen das Pferd in Fluchtbereitschaft: Es verschafft sich einen Überblick durch Anheben des Kopfes und entlastet die Vorhand, um schnell durch eine Drehung auf der Hinterhand die Richtung wechseln zu können (Alarmstellung).

Daraus ergeben sich nun drei Grundforderungen für die Arbeit an der Hand:

1. Man veranlasse das Pferd, Kopf und Hals zu senken.

Nur dann kann es seine Aufmerksamkeit auf den Ausbilder richten, denn dann ist es nicht mehr alarmiert – fluchtbereit – sondern hat Vertrauen in den Schutz, den ihm der ranghöhere Ausbilder gewährt.

2. Man lasse dem Pferd Entscheidungsmöglichkeiten

und einen bequemen Ausweg.

Der bequemste Ausweg sollte sinnvollerweise so gewählt sein, daß er sich mit den Wünschen des Ausbilders deckt.

Ein einfaches Beispiel: Der Ausbilder will, daß das Pferd seitwärts nach rechts ausweicht. Er wird nun das Pferd auf der linken Seite »ärgern«, es mit dem in Kapitel Ausrüstung beschriebenen kreisenden Seil an Hinterhand und Rippen berühren, die Vorwärtsbewegung durch wiederholtes Rucken am Halfter behindern, also die Richtungen vorwärts, rückwärts, seitwärts links sowie das Stehenbleiben auf der Stelle dem Pferd unangenehm machen. Prinzipiell kann sich das Pferd auch für diese Richtungen entscheiden – es hat also viele Auswege. Das Ausweichen nach rechts ist in diesem Fall aber die einzig bequeme Lösung für das Pferd – jeder Schritt seitwärts nach rechts wird durch sofortiges In-Ruhe-Lassen belohnt, alle anderen Richtungen werden weiterhin mit unangenehmen Empfindungen »belegt« und damit unattraktiv gemacht. Sie sind zwar eine Alternative für das Pferd, jedoch keine angenehme. Es entscheidet sich schließlich für den vom Ausbilder gewünschten Weg.

Es gibt andere Übungen, bei denen des Pferd weniger Entscheidungsmöglichkeiten hat.

Freiwillige Arbeit

Besonders effektiv ist diese Art der Arbeit, weil das Pferd irgendwann meint, sich aus eigenem Antrieb für die vom Ausbilder gewünschte Richtung entschieden zu haben. Es ist ein Schritt in Richtung freiwilliger Mitarbeit durch Verzicht auf sichtbaren Druck zugunsten der »psychologischen Kriegsführung«. Gerade bei starken Pferdepersönlichkeiten ist dies eine gute Methode, keine Widersetzlichkeiten aufgrund von zu deutlichen Zwangsmaßnahmen zu provozieren.

3. Auf Distanz arbeiten

Das Pferd nicht mit dem eigenen Körper bedrängen.

Dirigiert man das Pferd durch Einsatz seines eigenen Körpers (siehe Kapitel Körpersprache) in eine Richtung, vor der es deutlich Angst hat, und sind durch z.B. eine Engstelle, ein Geländer etc. alle anderen Ausweichmöglichkeiten von vornherein blockiert, so sollte man auf jeden Fall vermeiden, zu dicht an das Pferd heranzugehen (wie man das Pferd auf Distanz arbeitet, wird im Kapitel Hilfen noch deutlicher beschrieben), um zu verhindern, daß das Pferd als letzten Ausweg nur noch die Möglichkeit sieht, den Ausbilder umzurennen oder panisch durch einen viel zu engen Zwischenraum zu entkommen, um nicht in die vom Ausbilder gewünschte Richtung ausweichen zu müssen. Bei solchen Reaktionen kommt es dann schnell zu Verletzungen von Pferd und/oder Ausbilder.

Ein Abstand von etwa einem Meter sollte meist genügen, damit sich das Pferd nicht bedrängt fühlt. Sein nötiger Freiraum ist gewahrt. Zwar kann die Übung sich eine Weile hinziehen, bis sich das Pferd entscheidet, in die gewünschte, »gefährliche« Richtung auszuweichen, aber es wird nicht versuchen, in eine unmögliche Richtung zu entkommen, weil sein Fluchtinstinkt nicht durch Einzwängen gereizt wird.

Angsterzeugende Übungen, bei denen sich das Pferd schließlich aus eigenem Antrieb für die gewünschte Richtung entscheidet, weil es zu seinem natürlichen Verhalten gehört, den Signalen des »ranghöheren« Ausbilders Folge zu leisten, sind ungemein vertrauensbildend.

Das Pferd merkt schnell, daß alles, was die Vertrauensperson verlangt, ungefährlich ist, und wird zunehmend mehr Vertrauen aufbauen, was wiederum für die Position des Ausbilders als Leittier förderlich ist.

Vertrauensaufbau und Festigung der Dominanz des Ausbilders gehen dabei Hand in Hand, bedingen sich praktisch gegenseitig.

Das bedeutet, *daß eine lasche Erziehung des Pferdes*, bei dem der Ausbilder hin und wieder nachgibt und im Geiste sagt »ach, das arme Pferd hat Angst, lassen wir es lieber in Ruhe« *dem Pferd das Vertrauen nimmt.* Daß also ein Ausbilder, der bei der grundsätzlichen Erziehung des Pferdes im Sinne der Ausnutzung des natürlichen Verhaltens Fehler macht, später beim Reiten viel öfter auf technische Zwangsmittel zurückgreifen muß, um sein Pferd zu beherrschen, weil es keinen Respekt und deswegen auch kein Vertrauen zu ihm hat, also seine Signale immer wieder in Frage stellen wird.

Eine strenge Erziehung bedeutet nun auf keinen Fall Brutalität gegenüber dem Pferd, sondern immer nur ruhige, beherrschte Unnachgiebigkeit, eine Art von lächelnder Sturheit seitens des Ausbilders nach dem Motto: »Laß dir Zeit, soviel du willst – am Ende machst du doch das, was du sollst.«

Formen der Angstüberwindung sind auch das *Aussacken*, mit dem die Westernreiter ihre Pferde an »gefährliche« Dinge gewöhnen, sie praktisch abhärten, und das Gewöhnen der Pferde an die Berührung von Longierpeitsche oder Gerte am ganzen Körper sowie an den Peitschenknall.

Beim Aussacken läßt man dem Pferd die Freiheit, im Bereich des langen Strickes oder der Longe wegzusprin-

Das Aussacken des Pferdes: Eine Tüte mit Blechdosen erzeugt Angst. Das Pferd darf sich die Tüte anschauen und läßt sich die Berührung schließlich gefallen.

19

gen, wenn es mit einer Plastiktüte, einem Sack oder Ähnlichem berührt wird. (Um die Reichweite des eigenen Armes zu verlängern, kann man die Tüten oder Decken auch an einer Gerte befestigen oder sie auf das Pferd zuwerfen oder einen großen Gymnastikball auf es zurollen.)

Es wird eine Weile mit allen Anzeichen des Schreckens hin und her springen und das Spiel mit der Zeit satt bekommen, wenn es merkt, daß auch das allergefährlichst knisternde Plastik ungefährlich ist.

Um noch etwas mehr Kontrolle über das Pferd zu haben, kann man statt eines Halfters am Pferdekopf auch die War Bridle, die Führkette oder den Kappzaum (siehe Ausrüstung), benutzen – auf keinen Fall jedoch die Trense. In ähnlicher Form kann man das Pferd an Peitsche oder Gerte gewöhnen.

Bleibt der Ausbilder bei solchen Übungen immer souverän und ruhig, auch wenn das Pferd noch so hektisch um ihn herumkreiselt, so vertraut ihm das Pferd danach um so mehr.

Spiel und Arbeit
Aufmerksamkeit des Pferdes

Je höher ein Pferd entwickelt ist, desto stärker sind sein Spieltrieb und seine Neugier ausgeprägt. Der Spieltrieb kann oft als Gradmesser für die Intelligenz des Pferdes dienen.

Spieltrieb und Neugier erleichtern einerseits die Arbeit mit dem Pferd, weil es an vielen Dingen interessiert ist und schnell lernt. Sie erschweren die Ausbildung jedoch auch in gewisser Weise, weil sich das Pferd genauso schnell

langweilt und sich nicht mehr auf die Bereiche konzentriert, die gerade auf dem »Programm« stehen. Berücksichtigt der Ausbilder diesen Punkt, so wird er sein »Programm« immer wieder abwandeln, wenn er merkt, daß das Pferd kein Interesse mehr zeigt. Ein intelligentes Pferd fordert den Ausbilder viel stärker als ein dummes, denn er muß sich immer wieder etwas Neues einfallen lassen, um das Pferd zu motivieren.

Motivation

Eine Motivation ist zum Beispiel auch das *Spielen* mit dem Pferd. Dies wird zwar von vielen Ausbildern total abgelehnt, weil sie der Meinung sind, daß das Spielen mit dem Pferd die Autorität des Ausbilders untergräbt. Betrachtet man jedoch das Herdenverhalten, so spielt der Ranghöhere durchaus mit dem Rangniederen – was ihn nicht daran hindert, ein paar Minuten später seinen Spielgefährten vom Futter wegzubeißen. Sein Rang ist mit diesem Spiel keineswegs in Frage gestellt. Das bedeutet also, daß auch der Mensch ohne weiteres mit dem Pferd spielen kann. Im Spiel kann er viele Talente des Pferdes besser erkennen als in der Arbeit, die immer nach einem gewissen Grundmuster ablaufen wird – je nach Methode des Ausbilders. Der Ausbilder muß jedoch auch während des Spiels das Pferd genau beobachten, denn die Grenzen zwischen harmlosem Spiel und beginnender Aufsässigkeit des Pferdes sind fließend. Außerdem muß er dem Pferd den Unterschied zwischen Arbeit und Spiel deutlich klarmachen. Zum Beispiel ist dies dadurch möglich, daß er das Pferd zum Spielen immer völlig frei – ohne Halfter oder sonstiges Equipment – laufen läßt und zur Arbeit immer mindestens ein Halfter am Pferd hat.

Zum Spielen mit dem Pferd sollte sich der Ausbilder – für den Fall der Fälle, daß das Pferd einmal die Grenze zwischen Spiel und Ernst überschreitet – mit einer kurzen Longenpeitsche oder einer langen Gerte »bewaffnen«. Und er sollte seine Körpersprache (siehe entsprechendes Kapitel) gut beherrschen, um seine Autorität in kritischen Situationen, die nie ganz auszuschließen sind, zu wahren.

Sinnvoll ist es auch, *Ablenkungsmanöver* für kritische Situationen parat zu haben, sich also vorher schon Gedanken zu machen, wie man in welcher möglichen Situation reagieren würde, ohne das Pferd unnötig zu provozieren. Dieser Gedanke einer Abrufbarkeit von Reaktionen wird in folgenden Kapiteln noch einmal aufgegriffen.

Alles, was das Pferd während der Arbeit lernt, muß immer abrufbereit sein. Das Pferd darf es nie in Frage stellen. Im Spiel dagegen bietet es bestimmte Bewegungen und Verhaltensweisen an, die erst einmal nicht vom Ausbilder abrufbar sind.

Er kann jedoch mit der Zeit besondere Talente des Pferdes, die im Spiel zum Vorschein kommen, in die Arbeit übernehmen und sie abrufbar machen – auf diese Weise werden oft Zirkuspferde trainiert. Der Ausbilder beobachtet die Pferde im Spiel und entwickelt später die besonderen Eigenheiten. Es ist ja auf keinen Fall so, daß alle Pferde das gleiche Potential für ausgefallene Kunststückchen besitzen, sondern so, daß meist nur eine Besonderheit bis zum »Trick« entwickelt wird.

Offene Zielvorstellungen

Der Vorteil des Spiels ist, daß es nicht zielgerichtet ist. Der normale Ausbilder formuliert bei der Arbeit mit seinen Pferden ein Ziel. Das Pferd soll z.B. Dressurpferd oder Westernpferd oder Distanzpferd etc. werden. Nach diesem Ziel erarbeitet er einen Trainingsplan. *Ein formuliertes Ziel bedeutet jedoch immer eine Beschränkung der Fülle von Möglichkeiten.* Der Ausbilder wird also alles vernachlässigen, was nicht zum Ziel führt. Dabei können viele Talente des Pferdes völlig brachliegen, weil sie nie zum Vorschein kamen. Legt man sich von vornherein nicht völlig auf ein enges Ziel fest – formuliert also evtl. sein Ziel offener –, so verstellt man sich nicht den Blick für Verhaltensweisen und Bewegungen, die das Pferd im

Eine zufällig entdeckte Eigenart des Pferdes, wie hier die Neigung zum Aufstampfen mit dem Vorderbein, kann zum Trick entwickelt werden.

Im Spiel ist die Aufmerksamkeit des Pferdes freiwillig auf den Ausbilder gerichtet. Dies fördert eine harmonische Beziehung zwischen Pferd und Mensch.

Spiel anbietet – und die entwicklungs-fähig sind.

Eine offene Zielvorstellung könnte z.B. lauten: Ich will mit meinem Pferd besser und harmonischer zusammenarbeiten. Oder: Mein Pferd soll mit mir zusammen ein Bild der Leichtigkeit und Harmonie abgeben etc. Solche Ziele grenzen nicht ein. Durch Zufall – im Spiel – entdeckte Talente des Pferdes können zum Spaß in die Arbeit eingebaut werden – mal sehen, was daraus wird ...

Diese Form der Arbeit – ein offeneres Ziel – verhindert auch Enttäuschungen, wenn das Pferd dem gesteckten engen Ziel nicht entspricht, wenn also das »geplante« Dressurpferd »zuwenig Gang« hat, oder sich das Reiningpferd beim Spin einen Knoten in die Beine macht. Vielleicht kann ja das Dressurpferd besser springen, und am »Reiner« ist eher ein Zirkuspferd verlorengegangen.

Solange ich nur das Ziel sehe, verbaue ich mir den Blick auf die Chancen, die sich auf dem Weg zum Ziel ergeben können. Die spielerische Komponente der Arbeit läßt uns im »Jetzt« arbeiten, nicht nur auf das Ziel hin. Man braucht jedoch Zeit, um sich auf Angebote des Pferdes einzulassen. Zeit für die nicht immer gleich erfolgreichen Versuche, eine spielerische Bewegung weiterzuentwickeln, auszubauen, abrufbar zu machen. Es gibt in diesem Bereich keine festen Regeln, wie bei welchem Angebot des Pferdes zu verfahren ist. Man kann nur ausprobieren, welches Signal ein Pferd am besten annimmt.

Spielen fördert die Aufmerksamkeit des Pferdes

Im Spiel ist die Aufmerksamkeit des Pferdes völlig freiwillig auf den Ausbilder gerichtet. Das Pferd hat das Gefühl, völlig aus eigenem Antrieb zu handeln. Dies motiviert das Pferd natürlich ungemein. Wenn es dem Ausbilder gelingt, etwas von dieser Motivation in die Arbeit hinüberzuretten, so hat er eines der Hauptprobleme bei der Bodenarbeit (und später beim Reiten) weniger: nämlich die Aufmerksamkeit des Pferdes auf seine Person zu lenken, die Grundvoraussetzung für effektives Arbeiten mit dem Pferd.

Was tut nun der Ausbilder, wenn er mit dem Pferd spielen will? Betrachtet man das Spiel zwischen zwei Pferden, die manchmal ganz schön rüde miteinander umgehen, so kann man diese Art des Spielens natürlich nicht auf die Konstellation Mensch-Pferd übertragen. Der Mensch verträgt es nun einmal nicht besonders gut, wenn ihn das Pferd spielerisch in den Hals zwickt. Man wird also beim Spiel mit dem Pferd *auf Distanz* bleiben. Einen Scheinangriff auf das Pferd, indem man auf es zuläuft und es von seinem Platz vertreiben will, wird es mit einem Satz zur Seite und einem Schütteln von Kopf und Hals quittieren – oder es wird wie angestochen kehrtmachen und in vollem Tempo eine Runde laufen, meistens buckelnd. Immer jedoch wird es nach kurzer Zeit stehenbleiben und den Ausbilder/Spielgefährten fixieren, so als ob es fragt: »Und was kommt nun?« Die Aktivität im Spiel sollte weitgehend vom Menschen ausgehen, damit er sich nicht unversehens in die Lage versetzt sieht, sich das Pferd kaum noch vom Leibe halten zu können. Belohnungen in Form von Futter würde ich während des Spiels nicht empfehlen – auch sie führen dazu, daß das Pferd den Menschen bedrängt. Und wofür auch Belohnungen – das Pferd tut beim Spiel ja nichts, wofür es belohnt werden müßte.

Das Pferd im Spiel steigen zu lassen ist eine gefährliche Angelegenheit, denn gerade das Steigen kann leicht außer Kontrolle geraten, besonders, wenn der Mensch einmal aus Schreck, wenn das Pferd über ihm steht, einen Schritt zurückweicht. In diesem Moment hat das Pferd gelernt, daß das Leittier Mensch ihm ausweicht, wenn es steigt. Kritisch ist hier jedoch nur das aggressive, hohe Steigen, bei dem das Pferd womöglich noch auf den Menschen zugeht. Ein leichtes Ansteigen und auf der Hinterhand wegdrehen ist unbedenklich, denn damit befindet sich das Pferd ja schon wieder im Rückzug.

Auch im Spiel kann das Vertrauen des Pferdes trainiert werden. Es werden »gefährliche« Gegenstände auf dem Platz verteilt, mit denen das Pferd während des Spiels ganz zufällig Kontakt bekommt. Man kann z.B. einen großen Gymnastikball auf das Pferd zurollen – es wird natürlich anfangs sofort wegspringen. Meist siegt aber die Neugier, und die Prozedur wird wiederholt – so lange, bis das Pferd mehr Spaß als Angst dabei hat. Die Freiheit, bei Angst erzeugenden Situationen erst einmal wegzuspringen und später aus Neugier (also aus eigenem Antrieb) wiederzukommen und das gefährliche Ding zu prüfen, also die Umwandlung von Mißtrauen und Angst in spielerische Bewegung, hat einen sehr wohltuenden Effekt auf die Beziehung Mensch-Pferd, denn das Pferd überwindet seine Angst ohne direktes Bedrängen durch den Menschen. Dies führt später dazu, daß allein die Anwesenheit des Ausbilders das Pferd in kritischen Situationen beruhigen kann.

Für die Arbeit ist das Lernverhalten des Pferdes wichtig: Ein Pferd kann sowohl durch Gewöhnung als auch durch Verstehen lernen. Lernt es durch Verstehen, so sitzt das Gelernte nachhaltiger fest. Verstehen kann das Pferd, wenn der Lerninhalt ihm in seiner »Sprache« vermittelt wird – also das Herdenverhalten die Grundlage der Ausbildung ist. Gewöhnen kann man das Pferd durch Dressur, ein ausgeklügeltes System von Belohnung und Strafe, an erwünschte Verhaltensweisen. Beide Lernsysteme haben ihre Berechtigung nebeneinander. Sie greifen auch ineinander, da auch das Belohnungs-System auf verständliche Belohnungen und Strafen zurückgreifen muß, die sich wiederum teilweise auf das natürliche Herdenverhalten stützen.

Belohnung und Strafe

Belohnung und Strafe – oder anders ausgedrückt: ein angenehmes oder unangenehmes Gefühl, welches mit bestimmten Verhaltensweisen oder Dingen verbunden wird – sind treibende Kräfte, die das Pferd dazu veranlassen, etwas zu tun oder zu lassen.

Um mit Belohnungen oder Strafen das Pferd beeinflussen zu können, sollte man genau wissen, was das Pferd als Belohnung oder als Strafe empfindet. Man hüte sich davor, das Pferd in diesem Bereich zu vermenschlichen.

Pferde, besonders hochblütige wie Araber oder Vollblüter, haben ein sehr ausgeprägtes Gefühl für gerechtes oder ungerechtes Verhalten seitens des Ausbilders. Sie akzeptieren eine Strafe ohne weiteres, wenn sie sie verstehen können und ein bestimmtes »Fehl«verhalten ihrerseits damit in Verbindung bringen können. Wenn sie jedoch nicht wissen, warum eine Strafe erfolgt, reagieren sie im wahrsten Sinne des Wortes sauer – und man kann die Arbeit für diesen Tag abbrechen, weil sie auf Widerstand geschaltet haben.

Fair, friendly, firm, fast

Pat Parelli, ein Künstler im Bereich der natürlichen Methode der Bodenarbeit, hat für den richtigen Umgang mit dem Pferd den Begriff der »4 f« geprägt. Es sind dies im einzelnen die Worte: fair, friendly, firm und fast. Also gerecht, freundlich, bestimmt und schnell. Sie umreißen das Wunschverhalten des Ausbilders ziemlich genau. Man könnte jedoch noch den 5. Begriff »bewußt« ergänzen, wie wir in den folgenden Kapiteln noch sehen werden.

Für den Bereich Belohnung und Strafe sind besonders die Begriffe fair und fast, also gerecht und schnell, von Bedeutung. Damit ein Pferd eine Strafe oder Belohnung direkt mit seinem Verhalten in Verbindung bringen kann, muß sie sofort erfolgen. Das setzt natürlich wieder voraus, daß schon der Ansatz des Fehlverhaltens oder erwünschten Verhaltens vom Ausbilder erkannt werden muß.

Wir sind damit wieder beim genauen Beobachten des Pferdes. Das »Drachensteigen-Lassen« zum Beispiel, also das sinnlose Longieren, ohne das Pferd dabei in irgendeiner Form arbeiten zu lassen, führt oft zu Untugenden des Pferdes, weil es an der Longe tun und lassen kann, was ihm gefällt, ohne daß der Mensch ein Feedback gibt.

Das Pferd sollte sich immer vom Ausbilder beobachtet fühlen – so wird es auch immer seine eigene Aufmerksamkeit auf diesen lenken.

Eine prompte, gerechtfertigte Strafe oder Belohnung festigt das Vertrauen des Pferdes in den Ausbilder, da sie ihm einen Halt gibt. Natürlich sollte sich jeder bemühen, mehr zu loben als zu strafen – aber auch eine härtere Strafe wird das Pferd hinnehmen, wenn sie nötig und richtig im Sinne der Festigung der Rangfolge ist. Wichtig ist in diesem Zusammenhang auch, das Pferd nach einer bestimmten Widersetzlichkeit, die es in dieser Form häufiger zeigt, nicht immer in gleicher Weise zu strafen. Es wird sonst auf diese Strafe warten und sich vorher schon fest machen oder versuchen, davonzulaufen. Weiß das Pferd nicht, was kommt, so kann es sich auch nicht darauf vorbereiten. Man sollte also das gleiche »Vergehen« z.B. einmal durch einen Schnick mit der Peitsche bestrafen das anderemal mit einem Ruck auf die Nase, das nächstemal durch Anschreien u.s.w. Natürlich soll die Strafe dem Verhalten des jeweiligen Pferdes angemessen sein – nicht zu heftig, jedoch so, daß das Pferd sie ernst nimmt.

Bevor ich zu den einzelnen Punkten komme, die das Pferd als angenehm (Belohnung) oder unangenehm (Strafe) empfindet, noch ein Wort zu dem als erwünscht oder nicht erwünscht eingestuften Verhalten des Pferdes:

Es gibt gewisse Punkte, die man einem Pferd nie durchgehen lassen sollte, z.B. eine grobe Mißachtung seines untergeordneten Ranges, wenn es den Ausbilder beim Führen anrempelt oder nach vorne stürmt, ihm unaufmerksam auf die Füße tritt, nach ihm schnappt oder gar mit dem Hinterbein droht etc. Solche Dinge zeigen deutlich den mangelnden Respekt des Pferdes – die Rangfolge ist nicht vollständig geklärt.

Es gibt jedoch andere Verhaltensweisen des Pferdes, die jeder Ausbilder nach seinem Gutdünken als dessen Eigenheiten akzeptieren kann oder auch nicht. Es muß dabei von Fall zu Fall entschieden werden, ob eine bestimmte Verhaltenweise schon einen Verstoß gegen die Rangordnung darstellt oder nicht. Wenn nicht, kann man es als Eigenart des Pferdes durchgehen lassen – man will ja schließlich kein seelenloses Roboterpferd. Solche Verhaltensweisen wären z.B., daß sich ein Pferd beim Longieren einmal ausbuckelt, um Spannungen loszuwerden – es hört schon wieder auf, wenn es entspannt ist, und kann später um so besser gearbeitet werden. Oder daß es in der Box ungnädig die Ohren anlegt, wenn jemand hineinwill – viele Pferde betrachten die Box als Privatbereich und lassen sich dort nur ungern stören. Ich denke, man kann dies akzeptieren, solange das Pferd es bei dieser reinen Geste beläßt und nicht in irgendeiner Form auf den Menschen losgeht. Viele Pferde lassen sich nicht gern dauernd anfassen und streicheln – auch das sollte man akzeptieren. Sie kommen von allein an, wenn sie das Bedürfnis nach Nähe haben. Beim Putzen jedoch sollte man überall hinkommen – bei im Kopfbereich empfindlichen Pferden kann man aber wieder Zugeständnisse machen und nicht mit der Bürste, sondern nur mit einem Lappen putzen.

Ich gehe deswegen auf solche Kleinigkeiten ein, weil der Ausbilder vermeiden sollte, sein Pferd unnötig zu verärgern. Wenn er bei solchen Kleinigkeiten auf das Pferd eingeht, so wird es den Umgang mit dem Ausbilder als angenehm empfinden. Versucht er jedoch, dem Pferd solche Empfindlichkeiten »auszutreiben«, so wird er in diesem Bereich schon eine Konfrontation mit dem Pferd provozieren, die unnötig ist und das Verhältnis Pferd-Mensch durch dauernde Reibereien belastet. Manche Eigenheiten sind nicht vollständig auszutreiben – gehören sie

doch zum Wesen dieses speziellen Pferdes. Solche Eigenheiten zu erkennen (und zu akzeptieren) gehört wieder in die Kategorie guten Beobachtens. Sie sind meist am besten zu erkennen, wenn man das Pferd beim Umgang mit seinen Artgenossen beobachtet.

Zurück zu Belohnung und Strafe. Belohnungen sollen dem Pferd immer ein Wohlgefühl vermitteln.

Für das Pferd verständliche Belohnungen sind:

1. Das Verabreichen von kleinen Leckerbissen für erwünschtes Verhalten

(Auch für den Laien eine nachvollziehbare Belohnung, jedoch auf Dauer nicht immer unbedingt sinnvoll.)
Das Füttern des Pferdes zur Belohnung ist ein durchaus legitimes Hilfsmittel. Es birgt jedoch bei manchen Pferden (nicht bei allen) die Gefahr, daß sie sehr aufdringlich werden, wenn sie wissen, daß der Ausbilder immer einen Leckerbissen in der Tasche hat. Diese Aufdringlichkeit, das Stöbern des Pferdes mit der Nase in allen Taschen des Menschen, die man durch dauerndes und oft auch sinnloses Verabreichen von Leckerbissen selbst verursacht hat, muß man dann wieder unterbinden – ein zusätzlicher Erziehungsaufwand.
Zudem muß man das Pferd daran gewöhnen, daß es die Lektionen, die es mit der Belohnung durch Futter gelernt hat, später auch ausführt, wenn es nicht dauernd etwas dafür zu fressen bekommt. Ich hatte ein Pferd, welches sich nach einer speziellen Lektion, die immer durch Futter belohnt worden war, weil es damit Schwierigkeiten hatte, grundsätzlich zu mir umdrehte und

Belohnungen:
Bild oben: Ruhepausen zum Nachdenken.
Bild Mitte: Entspannung nach streßerzeugenden Übungen.
Bild unten: Imitation von arttypischem Schutz-Verhalten – man kann dem Pferd den Arm über den Hals legen und damit die Mutterstute imitieren.

auf die Belohnung wartete. Das ist sicher auf Dauer nicht wünschenswert. Also: wenn man mit Futter arbeitet, dann nur sporadisch, so daß das Pferd nicht verunsichert wird, wenn es nichts mehr für eine richtig ausgeführte Lektion gibt.

2. Ruhepausen – Entspannung – Erleichterung

Angemessen lange Ruhepausen sind eine sehr sinnvolle Belohnung. Nach schwierigen Lektionen – z.B. neuen, komplizierten Trailhindernissen – das Pferd einfach ruhig eine Weile stehen zu lassen, um das Geschehene zu verarbeiten, kann mehr Belohnung sein, als es das Füttern ist. Man gibt dem Pferd Gelegenheit, sich nach einer »spannenden« Übung zu entspannen. Diese Entspannung ist sehr wichtig für sein Wohlbefinden.

Es heißt also Entspannung = Wohlbefinden = Belohnung.

Wenn das Pferd eine Übung absolviert hat, vor der es große Angst empfand, so empfindet es nach dieser Lektion neben der Entspannung auch Erleichterung.

3. Dem Pferd ein Sicherheitsgefühl vermitteln

Die Ruhe des Ausbilders gibt dem Pferd das Gefühl, daß ihm nichts passieren kann. Hektisches Herumschreien oder abrupte, schnelle Bewegungen, die keinen direkten Einfluß auf die geforderte Übung haben sollen, verunsichern das Pferd, genauso wie übertriebenes Tätscheln und Um-das-Pferd-Herumwuseln nach einer beendeten Übung. Das Pferd bekommt dann ein Gefühl gerade entronnener wirklicher Gefahr.

Belohnung ist vielmehr ein nach einer erfolgreich beendeten Übung, wie schwer sie auch immer gewesen sein mag, ruhig dastehender Ausbilder, der dem Pferd einmal über die Nase streicht und und es dann kurz zum Nachdenken sich selbst überläßt. (Siehe Punkt 2)

4. Beruhigende Stimme
Dieses Hilfsmittel sollte den meisten hinreichend bekannt sein. Pferde reagieren sehr empfindlich auf Geräusche. Leises Zureden mit tiefer Stimme und langgezogenen dunklen Lauten, wie O, U und A empfinden sie immer als angenehm, also belohnend.

5. Angenehmes arttypisches Verhalten imitieren
Legt man dem Pferd den Arm über den Hals, so imitiert man das Verhalten einer Pferdemutter, die ihr Fohlen schützt. Man gibt dem Pferd ein Sicherheitsgefühl (siehe auch Punkt 3), wenn man diese Geste als Belohnung anwendet.
Weitere arttypische Liebkosungen sind: das »Anpusten« des Pferdes an den Hals oder in die Nüstern, das Imitieren der Fellpflege durch festeres Kraulen des Pferdes am Mähnenkamm in Wideristnähe oder des Kraulen hinter den Ohren oder zwischen den Ohren.
Merkt man, daß es das Pferd während der Arbeit irgendwo juckt, so kann man es an der Stelle kratzen.

6. Sensible Punkte für Liebkosungen suchen
Jedes Pferd besitzt andere Punkte, an denen es besonders gern gestreichelt oder gekrault wird. Diese Punkte gilt es herauszufinden, um eine Belohnung durch Berühren derselben möglich zu machen. Manche Pferde haben auch eine ausgesprochene Abneigung dagegen, an bestimmten Stellen angefaßt zu werden, festzustellen z. B. beim Putzen.

Diese sollte man sich natürlich nicht gerade für eine als Belohnung gedachte Geste aussuchen.
Meine Stute zum Beispiel konnte es nicht ausstehen, wenn man ihr in die Nüstern oder auf die Nase pustete, und gab dies auch durch Zähneblecken und Ohrenanlegen zu verstehen – die meisten anderen Pferde lieben diese Geste jedoch. So muß man bei seinem speziellen Pferd eben immer speziell herausfinden, womit man es erfreuen kann (siehe auch Entspannung des unbewegten Pferdes).

Was nun gilt dem Pferd als Strafe?

1. Laute Stimme
Sensiblen Pferden reicht als Strafe das Erheben der Stimme und das Verwenden von kurzen, harten Lautfolgen, wie ein knappes »Nein« – oder in der Verstärkung ein Anschreien. Jedoch sollte man sich davor hüten, sein Pferd dauernd anzuschreien. Das Pferd stumpft ab oder schottet sich gegen die dauernde »Lärmbelästigung« ab. Jeder halbwegs empfindsame Mensch kann sich nur unangenehm berührt fühlen, wenn er mitanhören muß, wie dauernd herumgebrüllt wird – meist ja nicht nur mit dem Pferd, sondern auch mit Reitschulern oder Mitreitern.

2. Haltung des Menschen / Körpersprache
Auch durch eine bestimmte oder gar drohende Haltung des Menschen kann das Pferd beeinflußt werden. Vermehrtes Aufrichten, deutliche Gesten mit den Armen und eine gezielte Bewegungsrichtung strafen das Pferd zwar nicht direkt. Sie flößen ihm jedoch Respekt ein – was oft schon genügt, um ein unerwünschtes Verhalten zu unterbinden. (Mehr dazu in Kapitel Körpersprache.)

3. Klaps mit Gerte oder Peitsche

Gerte und Peitsche können als Strafe eingesetzt werden. Jedoch sollte man es nur selten tun, denn in erster Funktion sollen sie der Hilfengebung als verlängerter Arm des Menschen dienen. Hat das Pferd Angst vor diesen Hilfsmitteln, so wird es versuchen, vor ihnen davonzulaufen, und die Möglichkeit, sie gezielt als Hilfe einzusetzen, entfällt. Strafe mit der Gerte oder Peitsche meint einen kurzen, gezielten, festeren Schlag – auf keinen Fall aber ein Verprügeln des Pferdes durch mehrere aufeinanderfolgende harte Schläge. Im übrigen – auch der richtige, gezielte Schlag mit der Peitsche will gelernt sein (mehr dazu im entspr. Kapitel).

4. Ruck auf die Nase

Strafe bedeutet ein unangenehmes Gefühl für das Pferd. Zerrt man ihm am Kopf herum, so ist dies sicherlich unangenehm. Als Strafe können kurze, harte Rucks auf die Nase des Pferdes dienen, wenn es z.B. vorwärtsstürmt. Wie bei den Peitschenstrafen hüte man sich jedoch davor, dauernd am Kopf des Pferdes herumzurucken. Auf keinen Fall darf dieser Ruck in ein Ziehen aus-

Strafe durch harten Ruck am Halfter.

arten, denn damit käme man schnell in die Lage, gegen das Pferd ein Tauziehen zu veranstalten, bei dem man nur verlieren kann. (Es gibt jedoch andere Fälle, bei denen ein Ziehen in Form von sich langsam aufbauendem Druck auf das Genick des Pferdes sinnvoll ist [siehe entspr. Kapitel] – jedoch nicht als Strafe). Die Ausrüstung (siehe entspr. Kapitel) – speziell die Art des Halfters bzw. Kappzaumes – ist bei der Wirksamkeit dieser Strafe von Bedeutung.

5. Imitation artspezifischer Strafen

Betrachtet man eine Pferdeherde und sieht, wie ein ranghohes Tier das rangniedere in seine Schranken verweist, manchmal auch scheinbar grundlos »schikaniert«, so kann man sich ohne weiteres einiges davon abschauen. Ein Huftritt ist leicht durch einen Fußtritt zu imitieren – ein Biß durch ein Knuffen mit dem Ellbogen. Dem Laien werden solche Strafen immer recht roh vorkommen. Das Pferd jedoch wird sie hervorragend einordnen können, entlehnt man sie doch direkt aus der Pferdesprache. Wie alle anderen Strafen sollte man sie jedoch nur selten anwenden – einen Knuff mit dem Ellbogen an den Hals z.B., wenn das Pferd beim Führen gegen den Menschen drängelt. Einen Fußtritt in die Rippen oder an die Hinterhand, wenn es versucht, den Menschen zu treten oder zu beißen oder auf die Aufforderung, zur Seite zu treten, durch aufsässiges Gegendrängen reagiert.

Zum Schluß noch ein paar allgemeine Worte zur – leider ab und zu notwendigen – Strafe:

Eine leichte Strafe zur rechten Zeit verhindert, daß das Pferd dem Ausbilder aus der Kontrolle gerät. Sie zeigt dem Pferd seine Grenzen. Wird es versäumt,

das Pferd rechtzeitig in seine Schranken zu verweisen, so braucht man später sehr viele härtere Maßnahmen, um es kontrollierbar zu halten. Ein Pferd, welches nicht durch den Menschen kontrollierbar ist, wird jedoch zu einer Gefahr. Nun sind die meisten Pferde sehr gutmütig und verzeihen viele Erziehungs-Fehler des Menschen. Pferde mit sehr starker Persönlichkeit werden durch erst nachlässiges und später gezwungenermaßen zu hartes Verhalten des Ausbilders jedoch manchmal zu dem, was man landläufig »Verbrecher« nennt. Sie haben erst gelernt, daß sie der Ranghöhere in der Mensch-Pferd-Beziehung sind, weil ihnen nicht sofort Grenzen gesetzt wurden, und kämpfen später um diesen Rang.
Ein Pferd kann man nicht antiautoritär erziehen – das entspricht nicht seiner Natur.

Eine richtige Strafe soll immer emotionsfrei sein. Wenn sich der Ausbilder über das Pferd ärgert und es aus dem Ärger heraus straft, wird die Strafe immer zu hart und damit ungerecht ausfallen (nicht fair). Es ist natürlich manchmal schwierig, sich vom Pferd nicht ärgern zu lassen. Genau dies zeichnet jedoch einen guten Ausbilder aus – das schnelle Erkennen eines Ungehorsams, mit sofortiger, adäquater Reaktion, jedoch ohne sich darüber aufzuregen. Eine gewisse lächelnde Nachsicht mit dem »Schüler« Pferd ist die beste Geisteshaltung, um für das Pferd verständlich und gerecht zu reagieren. Ein jähzorniger Mensch mit völlig übersteigerten Reaktionen dagegen bleibt am besten ganz von Pferden weg. Wer sich selbst so schlecht unter Kontrolle hat, sollte nicht denken, mit Pferden vernünftig umgehen bzw. sie erziehen zu können.
Fassen wir zusammen: Eine Strafe muß schnell erfolgen, gerecht und emotionsfrei (fast, fair).

Reflexhandlungen

Es gibt Situationen, in denen dem Ausbilder kaum Zeit bleibt, eine adäquate Strafe bewußt auszuwählen. Er wird also hin und wieder aus einem Reflex heraus strafen. Eine solche »Reflexstrafe« kann durchaus richtig sein, wenn der Reflex antrainiert wurde – wenn er z.B. verschiedene Situationen sowie auch eine angemessene Reaktion im Geist gespeichert hat. Solche Reflexe oder auch abrufbare »Leitbilder« können durch eigene Erfahrungen entstehen oder aber auch durch Beobachten und Analysieren des Verhaltens von anderen Ausbildern.

Eine reflexhafte Strafe, die von Wut oder Ärger gesteuert ist, weil das Pferd dem Ausbilder z.B. gerade auf den Fuß gesprungen ist, kann jedoch kaum angemessen sein. Richtig wäre, sich diese Situation im Kopf durchzuspielen (sie kommt ja nun häufig genug vor) und daraus ein abrufbares Leitbild für die eigene richtige Reaktion zu machen. Dies könnte so aussehen: Das Pferd tritt mir auf den Fuß – es verletzt damit den persönlichen Bereich eines Ranghöheren. Ein ranghöheres Pferd würde ihm dafür einen Lufttritt oder einen Biß verpassen. Ich als Mensch kann ihm daher einen Tritt in die Rippen geben oder meinen Ellbogen benutzen. Speichere ich diesen Gedankengang als Bild, so kann ich ihn als reflexähnliche Handlung sehr schnell abrufen – auch, wenn mir bis zu diesem Zeitpunkt noch kein Pferd auf dem Fuß gestanden hat.

Ablenken statt Strafen

Nun bekommt ein professioneller Ausbilder manchmal Pferde zur Korrektur mit Untugenden, von denen er nicht weiß, wie sie entstanden sind. Er müßte nun, um seine Autorität nicht zu gefährden, diese Widersetzlichkeiten des Pferdes bestrafen. Tritt eine solche Widersetzlichkeit häufig auf, so müßte er das Pferd häufig strafen. Ein Pferd, das genau diese Untugend bei dem Menschen, der vorher mit ihm umgegangen ist, »gelernt« hat, wird die Strafe dafür bei dem neuen Ausbilder erst einmal nicht annehmen. Es versteht ja nicht, daß es auf einmal für etwas bestraft wird, was es vorher durfte.

Will der Ausbilder das Pferd nicht von Anfang an gegen sich aufbringen, so versucht er sinnvollerweise, die Untugend erstens nicht zu provozieren und zweitens – wenn sie auftritt – das Pferd davon abzulenken. (Mehr dazu in Kapitel Probleme beseitigen.)
Ist eine Untugend nicht gefährlich und untergräbt nicht deutlich die Autorität des Ausbilders, so kann man sich auch überlegen, ob man sie eine Weile ignoriert – machmal verschwindet sie von allein, wenn das Pferd keinen Widerstand spürt.

Eine Möglichkeit, eine notwendige Strafe zu »versüßen«, ist es, dem Pferd nach der Strafe eine kurze Nachdenkpause zu gönnen und ihm kurz nach der Pause einen Leckerbissen zu geben. Nach dem Motto: »Das darfst du nicht – aber ich bin trotzdem dein Freund.« Dieses Verfahren ist jedoch nicht unumstritten – es kann sinnvoll bei Pferden sein, die sich leicht ärgern lassen und die man nach einer Strafe wieder ein wenig kooperativ stimmen muß, um die Arbeit fortzusetzen. Die »Nachdenkpause sollte jedoch immer lang genug sein, damit das Pferd die Strafe und deren Grund deutlich vom Leckerbissen trennen kann.

Das Pferd als hochspezialisiertes Bewegungstier

Als Fluchttier muß ein Pferd schnell reagieren. Für den Menschen ist seine Reaktion, seine – durch welchen Impuls auch immer ausgelöste Bewegung – oft zu schnell. Das bedeutet, wenn das Pferd ansetzt zu einer (unerwünschten) Handlung, so kommt manche Korrektur schon zu spät. Die Korrektur muß eingeleitet werden, wenn das Pferd die Absicht zu der unerwünschten Handlung zeigt. Dies tut es fast immer rechtzeitig, man muß nur die Zeichen erkennen. Für die Bodenarbeit bedeutet dies noch mehr als bei der Arbeit unter dem Reiter (bei der ja durch den direkten Kontakt viele Absichten des Pferdes erfühlt werden können): beobachten, beobachten und nochmals beobachten. Das Pferd keinen Augenblick aus den Augen lassen – die volle Konzentration auf das Pferd richten – und nicht nebenbei ein Schwätzchen halten. Als Beispiel mag folgende Situation gelten: Longenarbeit am Halfter (siehe Kap. Longenarbeit) mit einer recht eigenwilligen jungen Stute, die schon öfter Ansätze zeigte, einfach den »Hals einzurasten«, geradeaus weiterzulaufen und mir die Longe aus der Hand zu reißen. Bis zu diesem Tag konnte ich es immer verhindern, indem ich die Absicht erkannte – sie kündigte es durch leichtes Kopfschütteln an – und das Pferd anhielt, bevor es mir aus der Kontrolle geraten konnte. An jenem Tag nun sprach mich jemand von außen an – ich gab Antwort und drehte kurz den Kopf weg; in diesem Moment war auch das Pferd weg – nämlich mitsamt der Longe am anderen Ende des Reitplatzes. Den kurzen Moment meiner

Das Pferd austoben lassen ...

Schnelle Reaktionen sind oft nötig.

Unaufmerksamkeit hatte sie ausgenutzt, um ihren eigenen Kopf durchzusetzen. Passiert so etwas mehrmals, lernt das Pferd sehr bald, daß es erstens schneller ist als der Mensch und zweitens stärker.

Jeder, der mit Pferden zu tun hat, tut also gut daran, seine eigene Reaktion zu verbessern. Der erste Schritt dazu ist die Konzentration auf das Pferd, um überhaupt zu erkennen, worauf man reagieren muß und was man getrost auf sich zukommen lassen kann. Ein zweiter Schritt ist die Entwicklung von antrainierten Reflexen, wie in Kapitel Bewußte Bewegung beschrieben

Ein weiteres Zugeständnis an das Bewegungstier Pferd ist die Überlegung, keinen Ungehorsam zu provozieren, wenn man weiß, daß das Pferd eine Weile wenig oder keine Bewegung gehabt hat und »vor Kraft platzt«. Man sollte ihm dann die Möglichkeit geben, sich frei, ohne Longe, im Spiel auszutoben, bevor es an ernsthafte Arbeit geht.

Das richtige Maß der Arbeit

Man kann mit einem Pferd zuwenig arbeiten, zuviel und falsch. Zuwenig Arbeit bedeutet ein unregelmäßiges Arbeiten mit zu langen Pausen, in denen das junge Pferd noch nicht gefestigte Lektionen wieder vergißt. Bei alten Pferden kann jedoch eine längere Arbeitspause als Regeneration und Auffrischung der Arbeitslust recht sinnvoll sein. Ein Zuwenig pro »Arbeitsstunde« gibt es jedoch kaum. Fast immer gilt: je kürzer, desto besser. Das Pferd langweilt sich dann während der Arbeit nicht, und es wird nicht – körperlich oder psychisch – überfordert.

Zuviel oder falsche Arbeit jedoch führen zu folgenden Problemen:

1. Das Pferd langweilt sich

Wenn immer die gleichen Lektionen hintereinander abgespult werden – wenn das Trainingsprogramm keine Abwechslung aufweist, dann langweilen sich intelligente, neugierige Pferde nach kurzer Zeit. Es ist für sie die falsche Arbeit. Das Arbeitsprogramm sollte immer auf die Intelligenz des Pferdes abgestimmt werden. Ein langsames, phlegmatisches Pferd braucht öftere Wiederholungen – ein neugieriges mit schneller Auffassung verärgert man damit. Einem intelligenten Pferd wird man – wenn es seine Grundausbildung hinter sich hat, alle paar Tage etwas Neues präsentieren, und sei es nur die Abwandlung einer bekannten Lektion. Auch sollte das Trainingsprogramm in der Bahn auch bei der Bodenarbeit immer wieder mit einem Bummel im

Gelände unterbrochen werden. Es kann nämlich auch im Gelände an der Hand oder Longe gearbeitet werden.

Bodenarbeit und Arbeit unter dem Reiter können aber auch weitgehend gemischt werden. Bei Korrekturpferden, die besonders unter dem Reiter Schwierigkeiten machen, kann es jedoch sinnvoll sein, ein paar Wochen oder Monate auf das Reiten zu verzichten und nur vom Boden aus zu arbeiten, um den Widerstand gegen den Reiter abzubauen und evtl. körperliche Verspannungen des Pferdes erst ohne Reiter zu beheben.

2. Das Pferd wird überfordert

Auch bei der Boden- und Longenarbeit kann man das Pferd überfordern.

Sowohl bei jungen Pferden als auch bei Pferden, bei denen eine körperliche Verspannung korrigiert werden soll, muß zuerst darauf geachtet werden, langsam Kondition und Vertrauen aufzubauen. Ein junges Pferd kann einfach noch nicht lange auf einem engen Zirkel galoppieren. Außerdem ist es schädlich für seine noch untrainierten, ungefestigten Sehnen und Gelenke. Ein Pferd mit Problemen in einer bestimmten Gangart darf man nicht dauernd in dieser Gangart »zwiebeln«, will man ihm den Spaß an der Arbeit nicht

verderben. Gangarten, mit denen es keine Probleme hat – die ihm also Spaß machen, weil es sich in dieser Bewegung wohl fühlt, müssen als Lockerung immer wieder aufgenommen werden.

So ist es überhaupt sinnvoll, immer wieder die Arbeit an einem Problem zu unterbrechen, um dem Pferd ein kleines Erfolgserlebnis zu vermitteln mit einer Lektion, die es kann. Das ist wie bei der Arbeit unter dem Reiter. Natürlich darf man nicht direkt in einer »Auseinandersetzung« abbrechen. Dann hätte das Pferd gewonnen – ein Problem der Rangfolge.

Die sinnvolle Staffelung von angsterzeugenden Übungen ist besonders bei Trailübungen und Geländeübungen angebracht. Sie kann – nach dem Dominanztraining, das immer als Grundlage dient (siehe entsprechendes Kapitel) – von Pferd zu Pferd verschieden sein, da jedes Pferd vor unterschiedlichen Dingen besonders viel Angst hat. Das eine verträgt keine klappernden Geräusche, das andere stellt sich furchtbar bei Engpässen an, das dritte findet es schrecklich, wenn es auf eine Stange tritt. Durch Probieren an einfach strukturierten Trail-Grundübungen oder auch auf der Koppel kann festgestellt werden, welche Dinge dem Pferd Angst machen – man kann diese dann eine

Ein entspanntes Pferd – träge Aufmerksamkeit richtet es nach hinten.

Abwehrhaltung:
»Laß mich in Ruhe«.

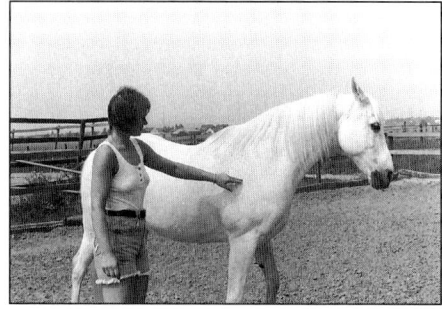

Neugier, Aufmerksamkeit und Interesse zeigt dieser Ausdruck

Alarmbereitschaft, Mißtrauen, Abwehr.

Weile zurückstellen, bis das Vertrauen in den Ausbilder stärker gefestigt ist. Sie sollten jedoch irgendwann in die Arbeit integriert und nicht völlig aufgegeben werden.

3. Stimmungsprüfung

Um unnötige Probleme zu vermeiden, sollte man auch die jeweilige Stimmung seines Pferdes bei der Arbeit berücksichtigen. Auch Pferde haben öfter schlechte Laune – sind wetterfühlig oder rossig oder haben irgendwelche Schmerzen, die sich auf die Laune auswirken. Nun kann man natürlich nicht immer darauf Rücksicht nehmen, ob das Pferd gerade zur Arbeit aufgelegt ist. Wenn sich jedoch zeigt, daß das Pferd einen besonders schlechten Tag hat, so sollte man nur kurz arbeiten und nur ein paar Lektionen fordern, die das Pferd schon kann.

Für neue Übungen, bei denen mit Widerstand zu rechnen ist, sind solche Tage sicherlich nicht geeignet.

Bei der Stimmungsprüfung sollte der, der mit dem Pferd arbeiten will, auch seine eigenen Fähigkeiten abschätzen und sich fragen, wie weit er in der Lage ist, einen vorhersehbaren »Kraftausbruch« des Pferdes (z.B. in einer bestimmten Gangart oder bei einer bestimmten Lektion) zu meistern. Unter Umständen läßt er an diesem Tag eine diffizile Lektion und fordert somit eine eigene Niederlage nicht heraus. Besonders die Nicht-Profis unter den Pferdeleuten sollte sich darüber Gedanken machen, ob sie ihr Pferd zusätzlich zu seiner schlechten Laune – vielleicht gerade noch an einem windigen, kühlen Tag (siehe auch äußere Bedingungen) – mit ungeliebten Übungen provozieren sollten.

Stimmungsprüfungen kann man vor, während und nach der Arbeit vornehmen. Vor der Arbeit legen sie den grundsätzlichen Ablauf der heutigen Lektionen fest. (Bekanntes oder Unbekanntes, Schwieriges oder Einfaches.) Während der Arbeit kann man überprüfen, ob sich die Laune des Pferdes bessert oder verschlechtert, ob es ruhiger oder nervöser wird. Man höre dann rechtzeitig nach einer gutausgeführten Lektion auf. Nach der Arbeit kann man prüfen, was die Arbeit in bezug auf die Psyche des Pferdes gebracht hat. Wirkt es entspannt und ruhig, bleibt ruhig mit hängendem Kopf und zufriedenem Gesichtsausdruck stehen, so kann man es in diesem Zustand sich selbst überlassen. Wirkt es trotz vorangegangener Arbeit hektisch und zappelt herum, lasse man es noch eine Weile Schritt gehen. Oder man versucht, es mit einigen Übungen im Stehen (siehe Entspannung des unbewegten Pferdes) zu entspannen. Die Arbeit sollte jedoch mit einem zufriedenen, ruhigen Pferd abgeschlossen werden, damit es Arbeit immer mit Entspannung (= Zufriedensein) in Verbindung bringt, und nicht mit Hektik und nervöser Spannung.

Ein zufriedenes Pferd steht mit gesenktem Hals ruhig auf der Stelle. Die Nüstern sind offen, das Kinn ist entspannt. Die Augen blicken aufmerksam oder träge entspannt/halb geschlossen. Der Schweif hängt ruhig herab.

Das hektische oder schlechtgelaunte Pferd reißt die Augen auf, legt die Ohren an, tritt unruhig hin und her, schlägt mit dem Schweif. Die Nüstern sind halb geschlossen, das Kinn ist verkniffen; das Pferd schottet sich sichtbar gegen die Außenwelt ab. Berührt man es an einer ihm nicht genehmen Stelle, so kann es das Gesicht verziehen oder gar die Zähne blecken. (Das Zähneblecken kann auch ein Zeichen von Schmerz sein.)

Man sollte immer versuchen, den Grund für die jeweilige Stimmung des Pferdes herauszufinden. Ist das Pferd vor der Arbeit schon schlecht gelaunt (besonders Stuten sind manchmal ohne nachvollziehbaren Grund übelllaunig), so ist dies nicht immer möglich. Wird es jedoch im Verlauf der Arbeit unzufriedener, regt sich immer mehr auf oder zeigt zum Ende der Arbeit vermehrte Widersetzlichkeiten, so sollte man den Grund dafür zuerst in seinem eigenen Verhalten suchen. Dort findet man ihn

in 80% der Fälle. Man hat das Pferd mit zuviel oder falscher Arbeit »geärgert«.

Beruhigt sich das Pferd im Laufe der Arbeit, wird es lockerer, entspannter, wirkt zufriedener, so hat man richtig gearbeitet.

4. Habe ich genug Zeit?

Diese Frage sollte sich ein Ausbilder immer stellen, bevor er mit dem Pferd arbeitet. Oft ergibt sich während der Arbeit die Notwendigkeit, an einem bestimmten Punkt nachzuhaken – eine bestimmte Sache durchzusetzen –, auch wenn man nur schnell Bekanntes rekapitulieren wollte. Ist man unter Zeitdruck, so wird man schnell ungeduldig und verdirbt sich (und dem Pferd) damit die Arbeit – hört womöglich mitten in einer »Auseinandersetzung« auf und läßt dem Pferd seinen Willen. Ein Fehler, den man mit einiger Mehrarbeit in den nächsten Tagen oder gar Wochen zu zahlen hat.

Man sollte eine von vornherein befristete Zeit eher dazu nutzen, sich spielerisch mit dem Pferd zu beschäftigen. Im Spiel muß man nichts durchsetzen – muß im allgemeinen keine Gehorsams- und Rangprobleme klären und kann das Pferd zufrieden lassen, wenn es keine Lust zum Spiel zeigt.

Das Pferd zeigt einen zufriedenen, aufmerksamen Ausdruck.

Praxis

Die Hilfen bei der Bodenarbeit

Bei der Bodenarbeit haben wir zwei Möglichkeiten, das Pferd zu beeinflussen.

1. Durch die Gestik und Haltung des Ausbilders – durch seine *Körpersprache*. Und durch seine Stimme, die eine Sonderstellung der Körpersprache einnimmt.

2. Durch äußere Hilfsmittel, die dem Pferd gewisse unerwünschte Verhaltensweisen erschweren oder erwünschte Verhaltensweisen einleiten können, wenn die Umstände das erfordern – die *Ausrüstung*.

Wichtigste Hilfe ist die Körpersprache des Ausbilders. Die passende Ausrüstung kann nur bei Schwierigkeiten oder bei bestimmten Zielen unterstützen, sollte jedoch nicht zum Selbstzweck erhoben werden, um mangelndes Können des Ausbilders bei der Bodenarbeit durch immer härtere Zwangsmaßnahmen zu überspielen. Wie ein dauerndes Reiten mit Hilfszügeln nur eine Krücke für schlechte Reiter sein kann, so ist auch das dauernde Einzwängen des Pferdes bei der Bodenarbeit eine Krücke für einen Menschen, der seine Körpersprache nicht beherrscht.

Die Körpersprache des Ausbilders

Der Mensch verleiht mit seiner äußeren Haltung, seiner Gestik und Mimik seiner inneren Haltung oder Einstellung Ausdruck.

Es sind nun nicht nur die bewußten Bewegungen, mit denen sich der Mensch ausdrückt. Es gibt vielmehr eine ganze Reihe von Verhaltensweisen und Gesten, die dem Menschen nicht bewußt sind, die er vielleicht auch gar nicht gern an sich sehen würde, wäre er sich ihrer bewußt. Für die Menschen, die gelernt haben, gut zu beobachten, ma-

chen ihn aber gerade diese unbewußten Gesten transparent und einschätzbar. Im Umgang mit Pferden führen solche unbewußten Gesten oft zu Mißverständnissen. Das Pferd reagiert viel sensibler auf die innere – echte – Haltung des Menschen als die meisten Mitmenschen, die sich oft durch eine Maske – ein aufgesetztes Verhalten – täuschen lassen. Wenn ein Mensch seine innere Angst im Umgang mit anderen Menschen durch ein forsches Auftreten oft überspielen kann, so funktioniert dies im Umgang mit dem Pferd nicht. Es wird auf unterschwellige Signale reagieren, die ihm die Angst des Menschen verraten – und dessen Autorität ist dahin.

Wir haben hier nun zuerst das Problem, dem Menschen seine eigene Haltung in allen Facetten bewußt zu machen. Nur dann weiß er auch, wie er auf sein Pferd wirkt, und kann seinen Körper gezielt und bewußt zur Steuerung des Pferdes einsetzen. Nur dann wird er auch vom Pferd richtig verstanden. Wir kommen dabei in Bereiche, die auf den ersten Blick nicht unbedingt direkt etwas mit dem Reiten bzw. dem Umgang mit Pferden zu tun haben. Der Erfolg einer in andere Bereiche übergreifenden Ausbildung des »Pferdemenschen« wird sich jedoch bald einstellen. Die Beschäftigung mit den Ausdrucksmöglichkeiten des eigenen Körpers und die Bewußtmachung von Ängsten hat neben der positiven Auswirkung im Bereich der Arbeit mit Pferden natürlich einen viel weitergehenden Nutzen. Dies auszuführen würde den Rahmen des Buches sprengen.

Nebenbei gesagt ist es jedoch für jeden, der mit etwas Lebendigem, wie dem Pferd, umgeht, sinnvoll, sich für andere Bereiche zu interessieren. Es ergeben sich aus anderen Gebieten viele neue Anregungen und Gedanken für die Arbeit mit Pferden:
Bewußte Bewegung durch andere Sportarten, das durch künstlerische Arbeit geschulte Auge, das durch Musik geschulte Empfinden für Takt und Rhythmus, die Beschäftigung mit Ängsten und Verhaltensstrukturen in der Psychologie – all das kann dem Pferdemenschen helfen.

Bewußte Bewegung Entwicklung der Körpersprache

Bewußte Bewegung ist durch Beobachten und Probieren erlernbar.
Beobachten bedeutet hier:
erstens Beobachten von anderen (während der Arbeit mit Pferden) und zweitens: Selbstbeobachtung .
Ein gutes Mittel zur Selbstbeobachtung – besonders am Anfang – ist der Einsatz eines Videos, das ein gleichgesinnter Freund aufgenommen hat. Wenn man nun sich selbst auf dem Video sieht, fallen einem bestimmte Fehler recht schnell ins Auge. Noch besser ist es jedoch, wenn besagter Freund den Film kommentiert – und seine konstruktive Kritik willkommen ist. Die Nachbereitung über ein Video ist sehr viel einfacher, als Kritik oder Korrektur direkt während der Arbeit mit dem Pferd aufzunehmen, weil man mit Abstand an die Sache herangehen kann, und nicht gerade mit sich selbst und/oder dem Pferd kämpft.
Solche Korrekturen auf Gegenseitigkeit aufzubauen ist eine gute Methode des Lernens. Der »Andere« sieht immer mehr als man selbst.
Aus der Selbstbeobachtung resultiert durch dauerndes Beschäftigen mit eigenem Fehlverhalten das schnellere Erlernen von Selbstbeherrschung und Geduld.

Autogenes Training und Feldenkrais-Methode
Neben dem Beobachten ist es sinnvoll, sich mit seinen inneren Zuständen auseinanderzusetzen. Viele Menschen sind nervös oder gespannt und sich dessen überhaupt nicht bewußt. Es gilt, unbewußte Spannungen zu erkennen und

schließlich durch die Bewußtwerdung kontrollierbar zu machen. Autogenes Training – besonders die Schwere-, Wärme- und die Atemübung, bei denen die Muskeln entspannt, der Körper besser durchblutet und und die Atmung regelmäßg werden, können eine Entspannung in Minuten, bei viel Übung auch in Sekunden bewirken. Die Kontrolle der Atmung ist ein besonders wichtiges Instrument, um Angst und Verkrampfung in bestimmten Situationen zu vermeiden oder zumindest erkennbar und beherrschbar zu machen, wie im Folgenden noch beschrieben wird. Das Erlernen dieser Techniken ist nicht schwer (am besten in Form eines Kurses bei einem Arzt oder Therapeuten) – es braucht nur ein wenig Durchhaltevermögen und Selbstdisziplin, um die Übungszeiten von täglich 2 x 10 bis 15 Minuten einzuhalten. (Literaturhinweis im Anhang)

Autogenes Training ist eine Methode, um Sensibilität seinem eigenen Innenleben gegenüber zu entwickeln. Auch Sensibilität für die eigenen Bewegungen ist erlernbar und entwickelbar. Die Feldenkrais-Methode, die mancher Reiter bei seinem Pferd (in etwas veränderter Form) vielleicht schon anwenden mag, sollte er auch für sich selbst (nicht nur im Hinblick auf die Bodenarbeit,

sondern auch aufs Reiten) entdecken. Es geht in dieser Methode darum, durch sehr langsame, sehr sparsame Bewegungen herauszufinden, wieviel Kraft und Anstrengung – und damit (negative) Spannung – eingespart werden kann, wenn man eine Bewegung »richtig« macht. Richtig bedeutet: den größtmöglichen Effekt mit dem kleinstmöglichen Krafteinsatz und dem angenehmsten Bewegungsgefühl.

Es gilt, den gesamten Körper mit dem Ziel einer bestimmten Handlung in einer fließenden, weichen Bewegung einzusetzen. Es geht weiterhin darum, gewohnte Bewegungsmuster auf ihre Richtigkeit hin zu überprüfen und eine Bewegung einfach einmal zu variieren, um zu spüren, was dabei geschieht. Und es geht darum, zu ergründen, warum eine Bewegung falsch ausgeführt wird, wo die Ursachen einer unrationellen, weil kräftefressenden Bewegung liegen. Anhand von Beispielen will ich diese sehr allgemeine Grundtendenz etwas verdeutlichen.

Ein sehr einfaches Beispiel, um gewohnheitsmäßige Bewegungen bei sich selbst festzustellen: Wenn jemand zu uns sagt: »Verschränke die Finger ineinander«, so werden wir, ohne nachzudenken, immer eine bestimmte Form

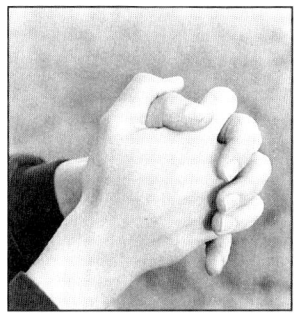

des Fingerverschränkens wählen. z.B.: linker Daumen vor rechtem Daumen, linker Zeigefinger vor rechtem Zeigefinger, linker Mittelfinger vor rechtem Mittelfinger etc. Wenn dann zu uns gesagt wird: »das Gleiche andersherum«, werden wir perplex schauen: »Wie, andersherum??«

Es gibt genauso die Möglichkeit, den rechten Daumen vor den linken zu legen, und weiter jeweils die rechten vor die linken Finger. Wir haben diese Möglichkeit im Geiste ausgeschlossen, weil wir uns die andere angewöhnt hatten. Probieren wir die andere nun aus, so haben wir ein Gefühl, als ob etwas nicht stimme (obwohl beide Formen des Fingerverschränkens möglich sind). Es ist einfach ungewohnt – und trotzdem richtig. Wird uns die Richtigkeit bewußt, können wir uns umgewöhnen – oder zumindest beide Arten des Verschränkens benutzen.

»Falsche und richtige Bewegungen«

Nehmen wir zur Verdeutlichung einer falschen Bewegung sowie zur Ergründung der Ursachen ein zweites Beispiel – diesmal direkt eines aus dem Bereich des Reitens: das bekannte »Knie hochziehen«, welches, wenn es sich der Reiter erst einmal angewöhnt hat, nur schwer wieder korrigierbar ist. Nun ist jedem prinzipiell klar, daß das »Knie hochziehen« falsch ist. Richtig – da kraftschonend – wäre, das Gleichgewicht auf dem Pferd mit dem ganzen Körper, über die Balance, zu halten und über geschmeidiges Mitschwingen der Bewegung aus der Hüfte. Statt dessen wird versucht, es nur über Klammern mit den Knien zu halten. Dies führt zu einer Versteifung des ganzen Körpers und besonders der Hüfte, die doch gerade locker sein sollte. Diese Versteifung führt wiederum dazu, daß der Rei-

ter noch mehr klammert und noch schlechter sitzen kann und das Pferd rennt, weil es sich gestört fühlt – ein Teufelskreis.

Es bringt nun überhaupt nichts, dem armen Reiter z.B. im Trab dauernd zuzubrüllen, er solle die Knie tiefer nehmen. Das kann er in diesem Moment nicht, da er schon seine ganze Kraft braucht, um mit den Knien zu klammern. Für die aktive Anstrengung, die Knie runterzudrücken, bräuchte er zusätzlich Kraft, die er nicht mehr übrig hat und die – wenn er sie hätte – seinen ganzen Körper durch die zusätzliche Anstrengung noch mehr verkrampfen würde.

Es wäre richtiger zu sagen, er solle die Beine hängenlassen und die Bewegung des Pferdes aus der Hüfte geschmeidig mitschwingen. Damit wäre von der Anstrengung des Knieherunterdrückens abgelenkt und der eigentliche Kern – die Steifheit des Körpers aus der Hüfte heraus – getroffen. Das »Knie hochziehen« ist also nur ein Symptom. Die Ursache hingegen ist eine steife Hüfte – ein steifer Oberkörper oder die Angst herunterzufallen. Und dort muß auch die Korrektur ansetzen – in Richtung eines verminderten Krafteinsatzes, und nicht eines erhöhten (und in Richtung der Angstbewältigung). Der Satz »Streng dich an beim Reiten« ist normalerweise im Hinblick auf körperliche Anstrengung falsch. Anstrengung verhindert die Erfahrung von Losgelassenheit, Harmonie und angenehmerem Körpergefühl. Die Feinheiten einer Bewegung gehen durch zu hohe körperliche Anstrengung verloren. »Anstrengung« ist eher richtig im Hinblick auf geistige Anstrengung in Form von Überlegungen, wie man sich das Reiterleben erleichtern kann.

Auch die Bodenarbeit an sich ent-

Kraftsparende (unten) und kraftverschleißende Art (oben), vom Stuhl aufzustehen.

springt ja aus der Überlegung, sich und dem Pferd das Reiten so angenehm und kraftsparend wie möglich zu machen.

Ein weiteres Beispiel, um eine harmonische, fließende Bewegung zu verdeutlichen: Wenn man von einem Stuhl aufstehen will, kann man dafür viel oder wenig Kraft verbrauchen – die Bewegung kann abrupt und abgehackt aussehen oder weich und gleitend. Wie entstehen diese Unterschiede. Derjenige, der viel Kraft verbraucht, koordiniert nicht alle Teile seines Körpers für die geplante Bewegung des Aufstehens.

Er läßt z.B. seinen Oberkörper aufrecht und gerade und muß nun seine Beinmuskeln und die Rückenmuskeln stark anspannen, um sich hochzuwuchten. Es entsteht eine steife, zerhackte Bewegung. Er kann sich jedoch die Arbeit

sehr erleichtern, wenn er seinen Oberkörper locker nach vorne schwingt und den Schwung zum Aufstehen ausnutzt. Die Bewegung sieht viel eleganter aus und kostet die Hälfte der Kraft.

Das Gefühl für die minimale effektive Bewegung ist bei der Bodenarbeit sehr wichtig, um die Aufmerksamkeit des Pferdes nicht durch unnötiges Herumzappeln zu strapazieren. Denken wir daran: Jede Bewegung ist ein Signal für das Pferd .Und außerdem sieht es ja immer sehr elegant aus, wenn man ein Pferd mit einem einzigen Schritt, einer einzigen Armbewegung zu einer prompten Reaktion veranlaßt, statt wild in der Gegend herumzugestikulieren.

Gewohnheiten durchbrechen

Der Mechanismus der Gewohnheit verhindert oft ein Dazulernen oder Umlernen, weil man, verursacht durch »bequeme« Gewohnheit, vieles als unangenehm oder nicht für sich relevant ablehnt, was die Gewohnheit durchbricht. Was das eigene Körpergefühl angeht, welches für die Bodenarbeit (und natürlich auch für das Reiten) so wichtig ist, so erstarren wir auch hier gern in Gewohnheiten: Eine Verspannung, eine Steifheit im Körper, eine unrationelle, weil unnötig kraftverschleißende Bewegung wird als solche nicht mehr erkannt, weil wir uns daran gewöhnt haben, zuviel Kraft dafür aufzuwenden. Solche Gewohnheiten gilt es zu erkennen und zu ändern. Denn das Pferd erkennt Spannungen im Körper des Ausbilders, und es erkennt auch intuitiv die Ursachen, wie Angst, Ärger oder sonstige negative Stimmungen. Genauso erkennt es Gelassenheit und Freude an der Arbeit seitens des Ausbilders und gibt ein positives Feedback.

Die Feldenkrais-Methode hilft, den eigenen Körper sensibel zu machen. Ist die eigene Sensibilität entwickelt, so fällt es auch viel leichter, sensibel auf die Äußerungen des Pferdes zu reagieren. Man wird im Zuge der eigenen verstärkten Empfindsamkeit auch die Feinheiten und Nuancen in den Bewegungen des Pferdes erkennen können. Dies ist wieder eine Voraussetzung für das später noch beschriebene »Sehen lernen« und die Entwicklung von Leitbildern. Auch das Gefühl für angemessene, nicht übersteigerte Reaktionen im Bereich Lob und Strafe wird besser.

Körpersignale im einzelnen

Im Folgenden will ich die einzelnen Signale beschreiben, die das Pferd aufgrund seiner artspezifischen Verhaltensstruktur (siehe Kapitel Herdenverhalten) von Natur aus versteht.
Wichtig sind deutliche, bestimmte Bewegungen und eine sichere, gefestigte innere Grundhaltung, um diese Deutlichkeit auch vermitteln zu können. Diese »natürliche« Autorität, die ein Mensch mit der oben beschriebenen Grundhaltung ausstrahlt, ist – wie im ersten Teil dieses Kapitels beschrieben – weitgehend erlernbar. Die innere Festigkeit und Selbstsicherheit ist das A und O im Umgang mit Pferden (und mit Menschen...), denn wie soll man mit einem fremden Lebewesen klarkommen, wenn man mit sich selbst nicht im reinen ist?
Jede Unsicherheit, ob z.B. das Pferd das Signal auch befolgen wird, oder eine Unkonzentriertheit wird die Körpersignale verändern und damit das Pferd verunsichern – unter Umständen sogar zum Ungehorsam reizen, weil es sich unbeobachtet glaubt.
Die Körpersprache ist dann am wirkungsvollsten, wenn sie auf Distanz, ohne das Pferd direkt zu berühren, verstanden und vom Pferd befolgt wird. Jedoch kann es oft nötig sein, bei sturen oder schon verdorbenen Pferden, diese erst einmal massiv zu »stören«, um überhaupt eine Reaktion zu erhalten. Dazu kann man die Finger und die flache Hand oder auch einmal Arm oder Ellbogen einsetzen (s.u.). Es sollte jedoch auf jeden Fall weitgehend der eigene Körper eingesetzt werden (ohne viele Hilfsmittel in Form von Ausrüstung), denn das Pferd soll ja auf den Menschen reagieren lernen – nicht auf den Zwang durch Ausrüstung.

Die Haltung und Bewegungsrichtung

Bei der Bodenarbeit heißt es – wie beim Reiten – aufrechte Haltung!
Jedes Zusammenfallen im Brustkorb, jedes Hängenlassen oder Schiefneigen von Kopf und Schultern vermittelt das Signal eines unentschlossenen Menschen. Mit hängendem Kopf ist zudem das Gesichtsfeld eingeschränkt, was das Beobachten des gesamten Pferdes erschwert. Fallen die Schultern nach vorn, so ist erstens die freie Beweglichkeit der Arme eingeschränkt, zweitens die freie Atmung und drittens leidet durch diese Einschränkung die Deutlichkeit einer Bewegung, weil sich nicht der ganze Körper daran beteiligen kann – denn Teile des Körpers sind durch das Hängenlassen oder Zusammenfallen blockiert. Wenn ich sage, der ganze Körper soll sich an der Bewegung beteiligen, so meine ich natürlich nicht, daß »viel Bewegung« nötig ist, sondern daß eine Bewegung fließend und weich (elegant) ist, daß ein Heben des Armes nicht durch eine steife Schulter behindert wird, ein weiter Schritt nach vorne nicht durch einen steifen Rücken oder

eine steife Hüfte blockiert. Nicht nur der Reiter auf dem Pferd sollte elegant aussehen – auch der, der am Boden mit dem Pferd arbeitet. Eine elegante Bewegung ist immer die kraftsparendste, effektivste (wie im ersten Teil des Kapitels beschrieben).

Die Bewegungsrichtung des Menschen in Verbindung mit der Schnelligkeit der Bewegung hat einen deutlichen Einfluß auf das Pferd. Geht der Ausbilder sehr forsch auf das Pferd zu, so wird es denken, er wolle seinen Platz beanspruchen – und ausweichen. Nähert er sich schnell von vorne, so wird es nach hinten weichen; kommt er von rechts, so weicht es nach links aus, zielt er nur auf die Hinterhand, so weicht nur die Hinterhand aus. (Siehe Herdenverhalten und Kapitel Grundlegende Arbeit.) Geht er langsam darauf zu, so nähert er sich in »freundlicher« Absicht, und das Pferd wird abwarten.

Geht der Mensch einen Schritt zurück, so fordert er das Pferd praktisch damit auf, ihm zu folgen. Ein Schritt zurück darf jedoch auf keinen Fall von einem Verhalten des Pferdes verursacht werden – tritt der Mensch zurück, wenn das Pferd von sich aus auf ihn zugeht, oder u.U. in seine Richtung steigt , so weicht er dem Pferd aus – das Pferd hat damit eine Rangauseinandersetzung gewon-

nen – die Position des Menschen als Ranghöherer ist gefährdet.

Die Gestik

sollte aus ruhigen, kontrollierten Bewegungen bestehen. Jede überflüssige Bewegung ist ein unnötiges, wenn aus einer unkontrollierten Bewegung erwachsen, ein mißverständliches Signal für das Pferd. Die Kontrolle der Bewegungen sollte jedoch nicht dazu führen, daß man sich jede Geste erst überlegen muß – sie würde dann zu spät kommen. Über abrufbare, bildhafte Vorstellungen sind die jeweils adäquaten Gesten schnell und richtig verfügbar (siehe Abschnitt Augen/Sehen lernen/Leitbilddateien).

Die Arme

Mit den Armen weist der Mensch dem Pferd die Richtung, in die es sich bewegen soll. Er kann es »einrahmen«, nach vorne und hinten begrenzen, wenn er Longe und Peitsche dazu nimmt. Die Übung, das Pferd – ohne Peitsche, nur mit dem Einsatz der Armbewegungen und des Oberkörpers – im Bogen um sich herumlaufen zu lassen, ohne sich selbst von der Stelle zu bewegen, wie sie im Kap. Grundlegende Arbeit beschrieben wird, ist eine gute Kontrolle der richtigen Armbewegungen.

Einrahmen des Pferdes: Die Peitsche zeigt hinter die HH des Pferdes, zielt nicht darauf.

Armsignale: Vorwärtstreiben mit erhobenem Arm.

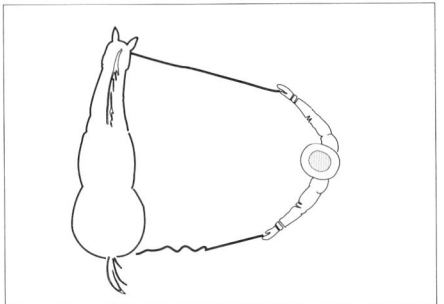

Durch Heben und Senken eines Armes oder beider fordert der Ausbilder Aufmerksamkeit vom Pferd. Gerte oder Peitsche oder ein kreisendes Strickende (siehe Ausrüstung und Grundlegende Arbeit) dienen als Verlängerung des Armes, wenn das Pferd das reine Körpersignal noch nicht gut genug befolgt. Ein Anheben des Armes beim Führen des Pferdes zeigt ihm die Grenze – den Punkt, den es nach vorne nicht überschreiten darf. Das gleiche wird durch seitliches Anheben des Ellbogens ausgedrückt.

Will man das Pferd beim Führen anhalten und rückwärtstreten lassen – man steht dabei mit dem Rücken zum Pferd – so kann man ihm mit dem angewinkelten Ellbogen vor der Nase herumwedeln und dabei selbst rückwärtslaufen.

Reagiert ein Pferd schlecht, so kann der Ausbilder auch ruhig mit den Armen fuchteln und wild gestikulieren oder es heftig an den Hals klatschen, um erst einmal Aufmerksamkeit und den Ansatz einer Reaktion zu erhalten. Später reduziert er diese »wilde« Gestik wieder.

Die Hände

Mit den Händen kann der Ausbilder dem Pferd einerseits angenehme Empfindungen – z.B. durch Massage oder Streicheln – übermitteln. Er kann sie aber auch einsetzen, um das Pferd absichtlich zu stören. Wenn ein Pferd nicht rückwärts gehen will, kann er es mit mehreren Fingern kurz hintereinander in die Brust pieken. Das tut nicht weh, wird aber mit der Zeit unangenehm – eben einfach störend – und löst deswegen eine Reaktion aus.

Um die Gesten zu minimieren, sucht man sich die Punkte am Pferd, an denen es besonders sensibel auf Druck reagiert.

Der Ausbilder kann mit beiden flachen Händen gegen die Schultern klopfen. Viele Pferde gehen auf dieses Signal gut rückwärts. Auch das Wedeln neben dem Kopf oder sogar leichte Anklatschen der Backen des Pferdes mit den Händen kann helfen. Es stimmt nicht, daß man das Pferd damit kopfscheu macht. Das Pferd kann – und soll – ja schließlich ausweichen. Es wird schnell merken, daß das unangenehme Gewedel aufhört, wenn es reagiert. Kopfscheu macht man das Pferd, wenn man ihm im normalen Umgang, also beim Halfteranziehen etc. unkoordiniert und fahrig am Kopf herumfuchtelt – denn dann soll es ja stillhalten, und nicht durch Wegziehen das Kopfes bzw. Wegtreten nach hinten reagieren.

Das Anpieken mit den Fingerspitzen in Bauch oder Hinterhand treibt das Pferd seitwärts – ein Klatschen mit der flachen Hand oder auch Anpieken an den Hals veranlaßt es zum Wegdrehen des Kopfes und schließlich Ausweichen mit der Schulter. Je schlechter es reagiert, desto höher – Richtung Kopf – kann die Hand eingesetzt werden.

Wichtig ist immer, erst einmal überhaupt eine Reaktion des sturen Pferdes auf den eigenen Körper ohne Hilfsmittel zu erlangen, auch wenn dieses Traktieren des Pferdes anfangs unschön aussieht. Es wird sehr schnell lernen, auf geringere Signale zu reagieren.

Bei allen diesen Störbewegungen muß der Mensch darauf achten, auf keinen Fall wütend zu werden, wenn nicht bald eine Reaktion kommt, und dann aus Wut das Pferd zu traktieren. Das Verfahren ist vielmehr idealerweise eine Zermürbungstaktik, die dem Pferd irgendwann auf die Nerven geht, ohne daß sich der Ausbilder dabei in irgendeiner Form aufgeregt hat. Behält nämlich der Ausbilder die Ruhe, so signalisiert er dem Pferd seine Sicherheit nach der Devise: »Du wirst schon irgendwann nachgeben.«

Die Beine und Füße
Beine und Füße sind, neben der Haltung des Menschen, für die Deutlichkeit der Bewegungsrichtung verantwortlich. Um das Pferd gezielt dirigieren zu können, muß die Richtung, in die man sich auf das Pferd zubewegt, sehr deutlich sein. Besonders, wenn es schließlich an komplizierte Trailhindernisse geht, ist dies wichtig.

Man sucht sich also den Punkt am Pferd, den man zum Ausweichen zwingen will, und zielt mit den Fußspitzen direkt darauf. Will man das Pferd dazu veranlassen, mit der HH aus dem Weg zu gehen, so zielt die Fußspitze des Ausbilders auf den inneren Hinterhuf, während er auf die Hinterhand des Pferdes zugeht. Auch der Winkel, in dem man sich auf den Teil des Pferdes, der weichen soll, zubewegt, ist wichtig. Es ist nämlich gut möglich, daß man das Pferd dabei selbst in einer bestimmten Richtung blockiert. Die Richtigkeit der eigenen Bewegung zeigt sich in der Reaktion des Pferdes. Es weicht nicht in die gewünschte Richtung, wenn die Bewegung des Ausbilders nicht stimmt (siehe auch Grundlegende Arbeit).

Das schnelle Weichen der Hinterhand im Dominanztraining ohne Feinabstimmung.

Hals und Kopf
Ein angehobenes Kinn signalisiert Entschlossenheit, ein eingezogenes Genick und Kinn Angst oder Unentschlossenheit. Das ängstliche Genickeinziehen wirkt sich zudem auf die Beweglichkeit des ganzen Körpers und auf die Schnelligkeit der Reaktionen aus. Die Bewegungen bleiben praktisch »im Hals stecken«, werden blockiert. Es ist nun nicht nur so, daß die innere Haltung die äußere verursacht. Das Ganze funktioniert auch in begrenztem Maße andersherum. Wird dem Menschen bewußt, daß er das Genick einzieht, so kann er durch eine Änderung dieser äußeren Haltung, indem er seinen Kopf aufrichtet, das Kinn anhebt, eine vermehrte innere Festigkeit erlangen.

Ein verbissener Gesichtsausdruck führt zu verbissenem Handeln ohne jene lächelnde Nachsicht, die den Umgang mit dem Pferd entspannter gestalten kann. Wie die Richter in Dressurprüfungen einen lächelnden Reiter sehen wollen, so ist dies auch in der Bodenarbeit von Vorteil. Ein entspanntes Gesicht bedingt entspanntes Verhalten. Der Ausbilder kann ruhig ein Liedchen pfeifen, um sich zu entspannen, solange er das Pferd trotzdem genau beobachtet.

Augen und Wahrnehmung
Besonders auf die Augen und die Wahrnehmung muß in diesem Zusammenhang eingegangen werden. Im allgemeinen ist es so, daß das Erkennen eines Problems dessen Lösung impliziert. Erkannt werden Probleme bei der Bodenarbeit hauptsächlich mit den Augen – und mit der Möglichkeit der Kategorisierung in schon Bekanntes.

Bleiben wir zuerst bei den Augen. Zusammengekniffene Augen bedingen meist einen verkniffenen, zumindest gespannten Gesichtsausdruck. Weit offene Augen entspannen das Gesicht. Weit offene Augen erweitern zudem den Bereich, in dem wahrgenommen wird. Zur Erfassung eines Zusammenhanges sind die weit geöffneten Augen besonders gut geeignet. Will man ein spezielles Problem analysieren, so kann man die Augen verengen und sich auf einen speziellen Ausschnitt seines Gesichtsfeldes konzentrieren.

Das richtige Sehen soll nun im Folgenden noch näher ausgeführt werden. Wichtig ist auch die Möglichkeit, Gesehenes überhaupt einordnen zu können. Dazu gehört entweder viel Erfahrung mit Pferden oder ein bewußteres Speichern und Verarbeiten von Gesehenem in Form von Leitbildern.

Dies soll im folgenden Abschnitt näher erläutert werden.

Sehenlernen

Durch ganzheitliches Sehen Leitbilder und Idealvorstellungen des richtigen Bewegungsablaufes beim Pferd entwickeln.

Der aufmerksame Beobachter wird bei jedem Pferd in der Bewegung bestimmte Eigenheiten erkennen können, die es deutlich von anderen Pferden unterscheiden. Diese Eigenheiten sind hauptsächlich bestimmt von Exterieur, Rasse und Temperament des speziellen Pferdes. Darüber hinaus kann das geschulte Auge auch Disharmonien im Bewegungsablauf wahrnehmen. Die am leichtesten erkennbare Disharmonie ist sicherlich eine Lahmheit des Pferdes, bei der der gleichmäßige Bewegungsablauf deutlich gestört ist. Daneben gibt es aber viele Nuancen von der kaum wahrnehmbaren Steifheit einer Körperpartie bis zur Taktunreinheit in bestimmten Tempi oder Gangarten.

Diese Störungen des Bewegungsablaufes können durch ungünstiges Exterieur – auch ohne reiterliche Einwirkung – verursacht werden, aber auch durch fehlerhafte Ausbildung des Pferdes. Der gute Reiter erfühlt sie auf dem Pferd sofort und versucht, sie durch passende Lektionen zu korrigieren. Der Reiter mit noch unausbalanciertem Sitz wird durch solche Steifheiten daran gehindert, den richtigen Sitz zu erlernen. Für beide ist es eine große Hilfe, wenn sichtbare Steifheiten schon an der Hand/Longe erkannt werden können. Dem erfahrenen Reiter erleichtert es die Korrektur des Pferdes, weil er diese weitgehend vom Boden aus durchführen kann. Er korrigiert also von unten und reitet später ein prinzipiell lockeres Pferd ohne eigene Bewegungsprobleme, die durch das Reitergewicht natürlich verstärkt werden. Dem unerfahrenen Reiter erleichtert es die Entwicklung des Gefühls für koordinierte Bewegung, wenn er lernt, zu sehen, in welcher Körperpartie des Pferdes die Bewegung gestört ist. Hat er erst einmal sehen gelernt, wird er ein Bild von der idealen, störungsfreien Bewegung in seinem Gehirn speichern. Er kann später versuchen, es auf sein Körpergefühl zu übertragen, wenn er lernt, locker und geschmeidig auf dem

Sehenlernen: Das Pferd galoppiert ruhig und gelöst, ohne Spannungen.

44

Pferd zu sitzen. Das Sehenlernen erleichtert also das Fühlenlernen.

Mehr Sehen resultiert aus speziellem Interesse

Das »Sehen« an sich ist jedoch ein Problem – viele Menschen müssen es erst mühsam lernen. Es geht bei dem »Sehenlernen«, welches ich meine, natürlich nicht um das Wahrnehmen in seiner einfachsten, unspezifischen Form, sondern um eine sehr differenzierte Form. Ein einfaches Beispiel sollte den Unterschied leicht verdeutlichen. Der oberflächliche Betrachter sieht einen Stamm, Zweige und Blätter. Er ordnet diese Konstellation in seinem Denken in die vorhandene Kategorie »Baum» ein. Das genügt ihm. Er hat daran kein weiteres Interesse. Der etwas differenzierter Wahrnehmende, Naturinteressierte wird vielleicht sehen: Der Baum hat eine breite Krone, längliche Blätter mit vielfach gekerbtem, unregelmäßigem Rand und einen gefurchten Stamm – eine Eiche. Er untergliedert also seine Denk-Kategorie »Baum« mit weiteren Begriffen. Ein Künstler wird nun noch ganz andere Dinge wahrnehmen. Er wird das Grün der Blätter unterscheiden nach dem helleren Frühlingsgrün oder dem dunkleren Sommergrün. Er wird die spezielle Erschei-

Sehenlernen: Das gleiche Pferd mit Spannungen im Hals-Schulter-Bereich.

nung der Baumes bei Regen, Wind oder Sonne betrachten, die Struktur des Stammes bewundern usw. Der Förster wird hingegen sehen, ob die Blätter durch Insekten geschädigt sind, wie alt der Baum ist, ob der Stamm gesund ist etc. Beide »sehen« also noch differenzierter. Der eine will den Baum vielleicht auf einem Gemälde abbilden – ihn interessiert die Gesamtstimmung, die durch Abbildung des Baumes mit der Umgebung auf seinem Gemälde entstehen soll. Den Förster interessiert der Baum als Lebewesen und Nutzobjekt. Alle vier »Sehenden« nehmen prinzipiell das Gleiche wahr. Die deutliche Differenzierung, das »Mehr-Sehen« im Gegensatz zum ersten Betrachter, entsteht aus einem speziellen Interesse der letzteren und der daraus resultierenden Ausbildung von differenzierten Denk-Strukturen (Kategorien). Dies ist erlernbar.

Idealbilder für den Sollzustand

Genauso funktioniert die Ausbildung des »Sehens« auch beim Reiter/Ausbilder. Es erfordert zuerst eine Interesse, dann die Bereitschaft zu lernen.
Wer nun das Reiten oder den Umgang mit Pferden sehr oberflächlich betreibt, wem es genügt, auf einem Pferd irgendwie obenzubleiben, mit einem Pferd schlecht und recht umgehen zu können, der wird nicht sehen lernen, denn es fehlt ihm das Interesse. Wer jedoch die sprichwörtliche Einheit von Reiter und Pferd, die Harmonie sucht, der sollte beim Sehenlernen anfangen, um Harmonie oder Disharmonie in der Bewegung des reiterlosen und später auch des gerittenen Pferdes zu erkennen. Daraus erwächst schließlich ein Idealbild, wie eine ungestörte Bewegung eines Pferdes und später eine harmonische Pferd-Reiter-Kombination in Bewegung aussehen sollte. Diese bildhaf-

45

te Vorstellung sollte der Reiter/Ausbilder im Geiste als Sollzustand »abspeichern«, um sie jederzeit mit dem Istzustand vergleichen zu können.

Eine bildhafte Vorstellung erleichtert den Vergleich, weil sie als Ganzes wahrgenommen wird. Würde der Reiter einzelne Faktoren einer Gesamtbewegung analysieren und sie als Einzelteile mit Vorzeichen »falsch« oder »richtig« abspeichern, so wären diese lange nicht so schnell abrufbar wie das Gesamtbild.

Das »Abspeichern« in bildhafter Form bedeutet nicht, daß ein erkanntes Problem im Bewegungsablauf des Pferdes oder der Pferd-Reiter-Kombination nicht analysiert werden sollte. Die Ursachen solcher Störungen im Bewegungsablauf sind sehr wichtig. Es bedeutet nur, daß nach der Analyse wieder ein komplettes Leitbild des Sollzustandes zusammengesetzt wird. Die »Leitbild-Datei« im Kopf des Reiters muß natürlich immer wieder aktualisiert werden. Schließlich lernt er immer wieder dazu. Im Prinzip ist die schnelle Reaktion eines erfahrenen Reiters/Ausbilders nichts anderes als die für verschiedene Situationen jeweils in bildhafter, vorstellbarer Form zurechtgelegten Bewegungsmuster, die eben wegen dieser Form schnell abrufbar sind. Er hat ein fertiges Bild seiner eigenen Reaktion im Kopf. Würde eine Reaktion über das langsame logische, analytische Denken laufen, käme sie oft zu spät.

Schnelle Reaktionen durch reflexhaftes Handeln

Eine schnelle, adäquate Reaktion erfolgt, ohne nachzudenken. Wir bezeichnen dies oft als eine reflexhafte Handlung. Solche »Reflexe« sind sowohl dem Pferd als auch dem Menschen antrainierbar. Beim Ausbilder, der immer schnell genug reagiert, um einen Ungehorsam des Pferdes im Ansatz zu unterbinden, sprechen wir von Erfahrung oder davon, daß er »ein Händchen« für Pferde hat. Die Mechanismen, die hinter diesem guten Reaktionsvermögen stehen, sind aber genau jene bildhaften Vorstellungen, auf die der »Pferdemensch« direkt, ohne nachzudenken, Zugriff hat und die er reflexartig umsetzt. Die meisten haben diese Erfahrungen in langen Jahren erworben, ohne recht zu wissen wie. Andere haben versucht, Bewegungsabläufe von Reitern und Pferden zu analysieren und daraus einen sinnvollen theoretischen Unterbau abzuleiten, aus dem heraus wieder so etwas wie ein Idealbild entsteht. Ein solches nur theoretisch-analytisch abgeleitetes Idealbild ist gefährlich, denn viele starre Formvorschriften resultieren daraus, die zwar nicht unbedingt völlig falsch sind, jedoch nicht auf jedes Pferd angewendet werden können und sollen. Es fehlt diesen Formvorschriften das intuitive Gefühl für die Harmonie in der Bewegung des Pferdes. Diese Intuition ist zwar nicht von jedem gleichermaßen zu erlangen – prinzipiell aber ist sie trainierbar.

Einige wenige Reiter scheinen das »Händchen für Pferde« von Anfang an zu haben. Ich behaupte, sie haben einfach nur die bessere Beobachtungsgabe und ein eher aufs Bildhafte gerichtetes Denken, so daß einmal als richtig erkannte oder – in diesem Fall eher intuitiv erfühlte – Bewegungsmuster schneller in eigenes reflexhaftes Handeln umgesetzt werden.

Gehen wir nun von diesen Wenigen aus und versuchen, von ihnen zu lernen. Der Lerninhalt führt dazu, daß ange-

Beispiel für eine Disharmonie im Trab: Das Pferd ist zu eilig, fällt auf die Vorhand.

Pferd mit akzeptabler Selbsthaltung im Trab, jedoch gespannt in der Bewegung.

hende Reiter das bildhafte Denken trainieren sollten. Idealbilder können dabei jedoch nur entstehen, wenn ihnen auch – neben fehlerhaften – »ideale«, d.h. harmonische Bilder und Bewegungsmuster gezeigt werden können.

Da diese nicht immer auf Abruf zur Verfügung stehen können, bietet sich die Verwendung von Lehrfilmen mit Positiv-Beispielen im Rahmen eines theoretischen Unterrichts an. Zusätzlich sollten immer einzelne vorhandene Pferde oder Pferd-Reiter-Kombinationen besprochen werden und auf deren besondere Probleme mit bestimmten Bewegungen hingewiesen werden, um den Blick zu schulen.

Dieses Sehenlernen ist in Verbindung mit der grundlegenden Kenntnis des Pferdeverhaltens der Grundstein zu besserem Umgang mit dem Pferd und schließlich auch zu besserem Reiten und zu besserer Ausbildung der Pferde.

Gesamtbilder erfassen

Was bedeutet nun Sehenlernen im einzelnen – was ist zu beachten ?

Sehen lernen bedeutet nun zuerst einmal, nichts von vornherein auszugrenzen. Wie oft ist man schließlich »betriebsblind« – d.h., man verbaut sich durch vorgefaßte Meinungen oder Vorurteile die ungehinderte Sicht auf einen Vorgang. Nach dem Muster der Betriebsblindheit funktioniert das bedenkenlose Aufschauen zu einem idealisierten Vorbild, dessen Fehler man einfach nicht sehen will: Auch der anerkannt gute Reiter macht Fehler – auch das als hochtalentiert eingestufte Pferd kann schlecht geritten sein. Die Meinung der Koryphäe muß nicht immer richtig sein. – Wer das erkannt hat, ist auf dem besten Weg zu einer unvoreingenommenen Sehweise.

Sehenlernen bedeutet weiterhin, erst einmal das Gesamtbild zu erfassen und später erst nach Einzelheiten Ausschau zu halten. Betrachtet man einzelne Körperpartien des Pferdes nacheinander, so können sich diese jeweils in recht harmonischer Bewegung präsentieren. Trotzdem braucht die Gesamtbewegung nicht in Ordnung zu sein: Z.B. stimmt der Bewegungsrhythmus der Vorhand nicht mit dem der Hinterhand überein. Oder das lockere Schwingen des Rückens wird durch eine lokale Steifheit im Nackenbereich gehemmt.

Die Kopfhaltung ist neben der Verengung und Erweiterung des Gesichtsfeldes durch die Augen entscheidend für

47

die Art der Wahrnehmung. Ein schräg gehaltener Kopf des Beobachters verzerrt das wahrgenommene Bild natürlich. Die Angewohnheit mancher Reitlehrer, ihre Schüler mit schräg gehaltenem Kopf zu korrigieren, kann deswegen nur erstaunen. Ein dadurch zusätzlich verspannter Nacken verhindert einen unverkrampften Blick und ein schnelles Bewegen des Kopfes, um einer raschen Bewegung des Pferdes gut folgen zu können.

Ist eine Disharmonie lokalisiert, so kann die Aufmerksamkeit auf den lokalisierten Bereich konzentriert werden.

Sehen kann man Probleme in der Bewegung des Pferdes am besten, wenn man das Pferd nicht einzwängt. Das Pferd sollte in freier Bewegung auf der Koppel oder unausgebunden an der Longe (möglichst nur am Halfter oder Kappzaum) beobachtet werden. Bindet man ein Pferd aus, so nimmt man ihm die Möglichkeit, sich völlig natürlich zu bewegen. Ein im unausgebundenem Zustand leicht wahrnehmbares Herausdrücken des Unterhalses wird mit Ausbindern deutlich erschwert. Jede Art der Beeinflussung des Pferdes durch irgendwelche Hilfsmittel erschwert die Beurteilung.

Deswegen ist auch die Kombination Pferd + Reiter schwerer zu beurteilen als das Pferd allein. Pferd und Reiter beeinflussen sich gegenseitig. Schlimmstenfalls behindern sie sich gegenseitig. Wer wen stärker stört, wenn das Gesamtbild unharmonisch wirkt – also wer zuerst der Korrektur bedarf – Reiter oder Pferd – ist dabei manchmal schwer zu erkennen.

Die Atmung

Der Atmung des Menschen während der Beschäftigung mit dem Pferd muß

besondere Bedeutung beigemessen werden. Jeder kann schnell in einem Selbstversuch ausprobieren, wie sich das »Luftanhalten« auf die Gesamtspannung in seinem Körper auswirkt. Der Körper kann im schlimmsten Fall komplett blockiert sein. Die Beweglichkeit ist jedoch auf jeden Fall eingeschränkt – und damit auch die so wichtige schnelle Reaktion bei der Bodenarbeit. Andererseits kann das tiefe, ruhige Durchatmen Spannungen im ganzen Körper beseitigen. Das Autogene Training trägt mit der Atemübung (siehe Literaturhinweis) dieser entspannenden Wirkung der richtigen, freien Atmung Rechnung. Man kann sich z.B. vorstellen, daß der Atem durch den gesamten Körper »fließt«, von einer Fußspitze über den Kopf zur anderen Fußspitze beim Einatmen – und wieder zurück beim Ausatmen.

Eine blockierte Atmung wirkt sich auch auf die Stimmlage des Ausbilders aus.

Stimme/Stimmlage

Die Festigkeit und Höhe der Stimme verändert sich unter Streß oder Spannung. So entsteht z.B. die hysterisch überkippende Stimme oder das hektische »Nach-Luft-Schnappen«, wenn man aufgeregt spricht. Hat man seine Stimme beim Umgang mit dem Pferd nicht unter Kontrolle, so kann man sie natürlich nicht gezielt einsetzen. Das bedeutet: erst entspannen, dann mit der Stimme arbeiten.

Auch ein warnendes Anheben oder Lauterwerden der Stimme kann und soll aus einer ruhigen Grundhaltung (am besten völlig emotionslos) entstehen. Es soll nur erzieherischen Wert haben, und nicht dazu dienen, den aufgestauten Ärger des Menschen zu entladen.

48

Fassen wir kurz zusammen:
Die Körpersignale des Menschen sind vielschichtig und sollten von ihm kontrolliert – und verbessert – werden können. Die Atmung und die daraus resultierende entspannte Haltung und Beweglichkeit sollten trainiert werden. Man beachte: Eine entspannte Grundhaltung führt zu einem ruhigen, sicheren, streßfreien Umgang mit dem Pferd. Die körperliche Haltung resultiert weitgehend aus der geistigen. Es bestehen jedoch gewisse Wechselwirkungen, so

daß auch über die körperliche Entspannung eine geistige erreicht werden kann. Autogenes Training oder andere geistige Entspannungstechniken sowie die Feldenkraismethode für die Sensibilisierung des Körpers auf eigene Spannungszustände können bei Schwierigkeiten helfen. (Literaturnachweis)
Zudem sollte das Auge geschult werden hinsichtlich eines Erkennens und Einordnens von guten und schlechten Bewegungen. Ziel ist es, Leitbilder zu entwickeln.

Die Ausrüstung und ihre Beschaffenheit

Die Ausrüstung bei der Bodenarbeit sollte immer nur Hilfsmittel bleiben, und nicht zum Selbstzweck erhoben werden. Wie bei den Hilfen kann man wieder sagen: so wenig wie möglich, so viel wie nötig.
Daneben muß man sich bei der Wahl der Ausrüstung darüber im klaren sein, welche Art der Bodenarbeit man für sich selbst auswählt, was man in seinem eigenen speziellen Fall mit der Bodenarbeit erreichen will, wo die Schwierigkeiten des Pferdes liegen etc.

Wie im entspr. Kapitel näher erläutert, gibt es das Dominanztraining, die normale, gymnastizierende Ausbildung an der Hand, die Korrektur von Problemen, die versammelnde Arbeit und die Arbeit an Hindernissen oder Speziallektionen. Für manche dieser Bereiche kann das eine oder andere Hilfsmittel in Form von Ausrüstung sinnvoll oder nötig sein. Wichtiger als ein ganzes Ausrüstungsarsenal ist die Qualität und Brauchbarkeit der einzelnen Ausrü-

stungsteile sowie ihre sinnvolle Verwendung. Auf diese Punkte will ich in Abschnitt Ausrüstung kurz eingehen.

Grundsätzliche Ausrüstung

An einem Punkt muß man mit der Kontrolle über das Pferd ansetzen. Es ist dies normalerweise der Kopf. Über den Kopf des Pferdes, über Gehirn und Wahrnehmung, erlangt man seine Aufmerksamkeit. Er eignet sich am besten für das Anbringen eines Kontrollinstruments wie Halfter oder Kappzaum oder auch Trense, nicht zuletzt wegen seiner Empfindlichkeit.
Man muß sich jedoch davor hüten, zu denken, daß man das ganze Pferd kontrollieren kann, wenn man Kopf und Hals in eine bestimmte Haltung zwingt. Das ganze Pferd kontrolliert man nur, wenn man die Mechanismen der Kontrollierbarkeit kennt und anwendet, wie in Kapitel Herdenverhalten beschrie-

ben und in Kapitel Grundlegende Arbeit erläutert.

Die sinnvolle Ausrüstung am Kopf des Pferdes ist:

Das Halfter

Zum Arbeiten wählt man anfangs am besten ein dünnes Strick-Halfter. Dieses gibt einen punktuellen Druck direkt an der Stelle, an der er ausgeübt wird, auf den Pferdekopf weiter. Ein breites, weiches Gurt- oder Lederhalfter verteilt den Druck einer punktuell gedachten Hilfe und macht sie unschärfer. Bei Pferden, die schon gelernt haben, auf die Körpersprache des Ausbilders zu reagieren, ist es jedoch unerheblich, welche Art von Halfter man verwendet, denn es ist nur noch untergeordnetes Hilfsmittel.

Das Halfter wird so verschnallt, daß es nicht knalleng am Pferdekopf anliegt. Es sollte jedoch auch nicht bei jeder Bewegung schlackern oder sich über das äußere Auge herüberziehen lassen.

Führstrick und Haken

Dazu gehört ein langer Strick. Er sollte mindestens 2,5 m lang sein, besser noch länger und möglichst schwer. Das freie Ende soll als Peitschenersatz ver-

Richtig verschnalltes Halfter – nicht zu fest und nicht zu locker.

wendet werden können. Dazu wird dieses freie Seilende propellerartig-kreisend in der jeweils freien Hand geschwungen (siehe Abb.). Der Strick muß dafür gut und locker in der Hand liegen und darf nicht zu Knotenbildungen neigen. Durch seine Länge muß er das Arbeiten auf mindestens 2 m Distanz (siehe Kap. Grundlegende Arbeit) ermöglichen.

Der Haken am Strick sollte schwer sein, und nicht von allein aufgehen. Der gebräuchliche Anbindestrick mit Panikhaken ist zum Arbeiten nicht geeignet. Er ist zu kurz, der Haken nicht schwer genug. Die langen Stricke der Westernreiter sind oft geeignet, sie dürfen jedoch nicht so weich und dick sein, daß sie unhandlich werden.

Kappzaum

Statt eines Halfters, welches die Westernreiter vorziehen werden, kann auch der in der englischen Reitweise bekannte Kappzaum verwendet werden. Er hat gegenüber dem Halfter den Vorteil, daß er nicht so leicht verrutscht, hat jedoch den gravierenden Nachteil, daß er sehr schwer ist und fest am Kopf des Pferdes verschnallt sein sollte. Durch diese feste Verschnallung wird dauernd ein leichter Druck auf den Kopf des Pferdes ausgeübt. Will man dem Pferd ein Signal geben, so muß man nun festeren Druck ausüben, um den schon vorhandenen Druck zu »übertönen«. Hinsichtlich der erstrebten Sensibilisierung des Pferdes ist dies nicht unbedingt wünschenswert. Wer sich jedoch mit dem Kappzaum wohler fühlt, soll ihn ruhig verwenden, denn es ist wichtig, daß der Ausbilder Vertrauen in sein »Handwerkszeug« hat.

Sidepull

Auch ein Sidepull ist statt des Kappzaumes bzw. Halfters verwendbar. Es hat

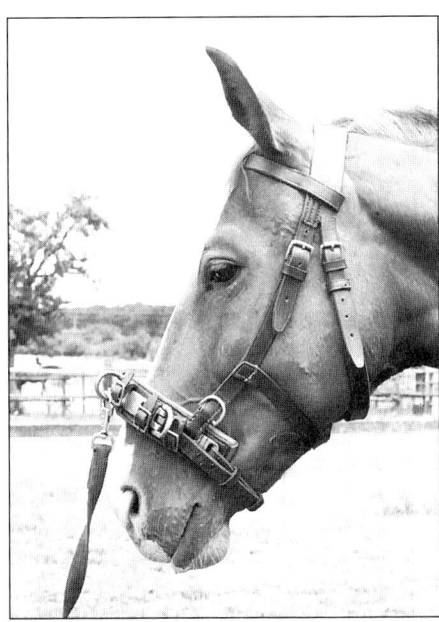

Kappzaum richtig verschnallt.

Die Führkette wird durch die seitlichen Ringe des Halfters über die Nase gezogen.

den Vorteil, daß es leicht ist und trotzdem etwas stärker wirkt als das einfache Halfter.

Longe

Die Longe ist für die Arbeit auf weiteren Zirkeln unentbehrlich. Nur mit dem langen Strick kann man besonders ein junges Pferd im Galopp nicht arbeiten, weil es einen zu kleinen Zirkel gehen müßte.

Die Longe sollte jedoch die gleichen Merkmale wie der lange Strick aufweisen: Sie sollte rund und schwer sein, gut in der Hand liegen und nicht zur Schlaufen- oder Knotenbildung neigen. Die gängigen Longen aus Bandmaterial liegen nicht gut in der Hand und sind auch meist zu leicht, so daß sie im Wind flattern und damit dem Pferd zusätzliche – unbeabsichtigte – Signale geben. Der Wellenschlag (siehe entsprechendes Kap.) mit einer zu leichten

Longe ist kaum vernünftig auszuführen. Auch das freie Ende der Longe sollte man als Peitschenersatz in Form des Seilpropellers verwenden können.

Halfter, langer Strick und zusätzlich eine Longe genügen für die »Grundausbildung«, das Dominanztraining des Pferdes, welches keine besonderen physischen Schwierigkeiten hat, wie wir im entspr. Kapitel sehen werden.

Führkette und War Bridle

Bei Pferden, die schon gelernt haben, Schwierigkeiten zu machen, kann der Einsatz einer Führkette oder der War Bridle sinnvoll sein. Beide sollen jedoch immer nur in Form eines kurzen Rucks eingesetzt werden. Ein Festziehen ist – wie ja eigentlich immer beim Umgang mit Pferden – zu vermeiden, denn es stumpft die Pferde auf diese schmerzhaften Signale hin ab und provoziert

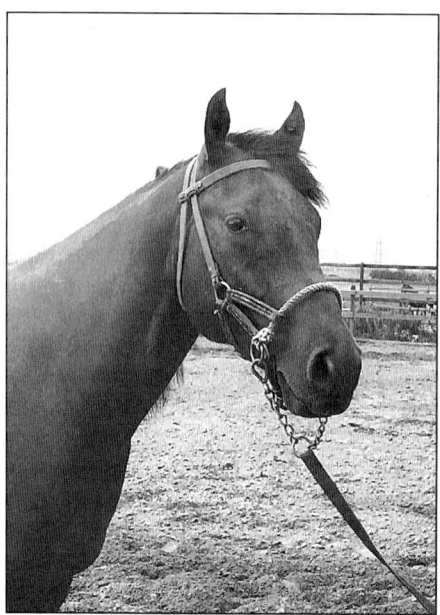

Das Sidepull wirkt durch Druck auf Nase und Kopfseiten des Pferdes. Es ist wie eine Trense im Sinne der Westernreiter handhabbar – also ohne konstant anstehenden Zügel.

im schlimmsten Fall Widerstand gegen den Schmerz.

Kommen wir nun zu den Hilfsmitteln und den Hilfszügeln, die manchmal für bestimmte Lektionen oder Korrekturen notwendig sein können.

Hilfsmittel

Hilfsmittel in Richtung der verlängerten Reichweite des Menschen sind lange Gerte sowie kurze und lange Peitsche. Gerte oder Peitsche können beim Longieren benutzt werden, je nachdem, ob das Pferd auf nähere oder weitere Distanz gearbeitet wird. Wer damit umgehen kann, kann auch beide »Werkzeuge« in die Hand nehmen und je nach Bedarf das eine oder andere verwenden.

Die Peitsche sollte nicht zu schwer sein. Eine kürzere Peitsche mit langer Schnur ist der langen Peitsche vorzuziehen, die man kaum noch mit der Spitze vom Boden hochbekommt: Ein gezieltes Treffen mit der Peitschenschnur ist bei einer zu schweren Peitsche kaum möglich. Die Peitschenschnur selbst, der »Schlag«, besteht am besten aus einem dünnen Lederriemen. Leder ist stabil genug und trotzdem leicht. Dicke Schläge aus geflochtenem Nylon sind unbrauchbar, da auch wieder zu schwer.

Übungen mit Seilende und Peitsche

Eine kurze Empfehlung zum Umgang mit den Werkzeugen Führstrick und Peitsche: Der Umgang mit beiden sollte als Trockenübung trainiert werden, bevor man damit ans Pferd geht. Das Pferd sollte die volle Aufmerksamkeit des Ausbilders haben. Wenn er mit der Peitsche oder Gerte herumprobiert oder den Umgang mit dem freien Seilende des Führstrickes übt, so ist er vom Pferd abgelenkt, was dieses für unerwünschte Eskapaden nutzen kann.

Übungen mit dem freien Seilende können z.B. folgende sein: Man schwingt das Ende propellerartig in der freien Hand und nähert sich damit einem Gegenstand, bis man ihn mit dem »Propeller« leicht streift. Dann entfernt man sich wieder und nähert sich erneut an – ohne den Rhythmus des Kreisens zu verändern. Beherrscht man dies, so kann man auch das Pferd sehr gezielt d.h. an jeder beliebigen Stelle seines Körpers damit »stören«.

Übungen mit der Peitsche beziehen sich vorwiegend auf ein zielgenaues Treffen mit der Peitschenschnur. Es geht darum, jede einzelne Stelle des Pferdes zu treffen – ohne ihm damit richtig weh zu tun. Beherrscht man die Peitsche, so kann man mit der Peitschenschnur auch ein Pferd zu sich heranholen, wenn es frontal zu uns steht, indem man im Bogen schlägt und die Peitschenschnur die Hinterbeine oder Vorderbeine von hinten treffen läßt. Peitschenhilfen zu üben ist deswegen so wichtig, weil der Punkt des Pferdes direkt berührt werden soll, an dem es Schwierigkeiten gibt. Winkelt ein Pferd z.B. die Hinterhand nicht richtig, so sollte man ganz gezielt den Bereich des Sprunggelenks treffen können. Tritt es nicht gut genug unter, so kann man tiefer zielen

Eine weitere Übung besteht darin, einen Gerten- oder Peitschenschlag aus dem Handgelenk auszuführen, ohne Arm oder Hand dabei nennenswert zu bewegen. Das ist wichtig, um dem Pferd eine Peitschenhilfe nicht immer durch ein Ausschwingen des Armes anzukündigen. Manchmal ist es angebracht, das Pferd überraschend zu treffen, ohne daß es sich durch Verspannen auf die Peitschenberührung vorbereiten kann.

Bei der Arbeit am langen Zügel (auf Trense) ist es zudem wichtig, das Pferd bei einer Gertenhilfe nicht im Maul zu stören. Dies ist nur möglich bei einer Bewegung aus dem Handgelenk.

Auch den Peitschenknall kann man üben und dazu einsetzen, die Aufmerksamkeit des Pferdes zu erlangen (z.B. anstatt der Stimme).

Um mit der Peitschenschnur zu knallen, zieht man die Schnur ganz langsam im Bogen zu sich heran und hebt dann den Peitschenstiel ruckartig hoch und schlägt ihn genauso ruckartig wieder herunter.

Hilfszügel und Trense

Bei verdorbenen Pferden oder für die starke Versammlung des Pferdes sind Hilfszügel manchmal zu empfehlen.

Ausbinder / Trense

Fangen wir mit dem altbekannten Ausbinder an. Er wird in Verbindung mit einer Trense verwendet, um das Pferd

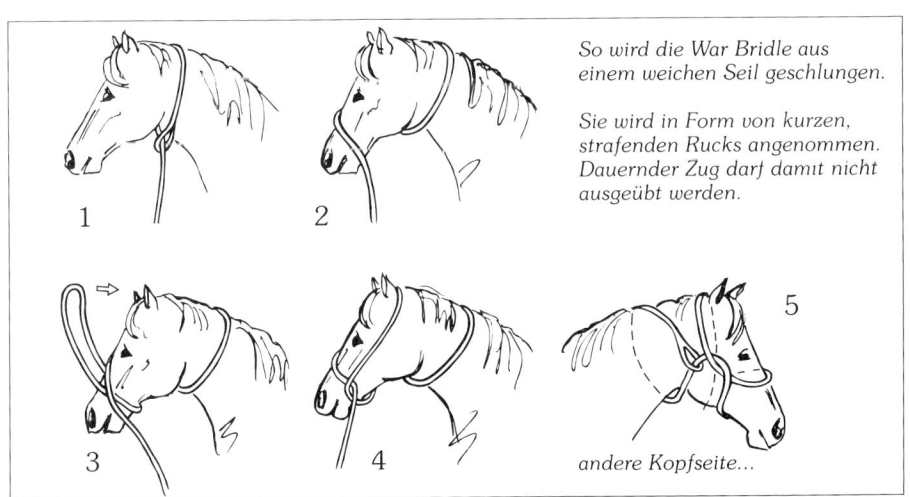

So wird die War Bridle aus einem weichen Seil geschlungen.

Sie wird in Form von kurzen, strafenden Rucks angenommen. Dauernder Zug darf damit nicht ausgeübt werden.

andere Kopfseite...

dazu zu veranlassen, einem Druck im Maul nachzugeben. Das passende Gebiß ist ein doppelt gebrochenes oder ungebrochenes (z.B. Gummi oder Nathe). Bei diesen kann sich keine scharfe Spitze Richtung Gaumen bilden, wenn das Pferd gegen das Gebiß drücken sollte. Gummischeiben an den Trensenringen verhindern ein Verletzen der Maulwinkel, sollte sich das Pferd widersetzen. Ein Nasenriemen, der meistens keine andere Funktion hat als dem Pferd das Maul bzw. die Maulwinkel einzuzwängen, ist zu vermeiden. Ein Pferd wird das Maul nur so lange aufsperren, wie es sich durch irgend etwas gestört fühlt. Beseitigt man die Störung, hört es von allein auf.

Ein vernünftiger Ausbinder ist einer aus Vollgummi, der dem Pferd mehr Spielraum läßt. Lederausbinder mit dem bekannten Gummiring fördern durch ihre weitgehende Unnachgiebigkeit eher die Unart des Pferdes, sich aufs Gebiß zu legen. Longiert man ein Pferd mit Ausbindern, so sollte im Normalfall der innere Ausbinder etwas höher (am Longiergurt höher Richtung Widerrist) geschnallt werden als der äußere. Dies verhindert, daß das Pferd sich zu stark auf die innere Schulter fallen läßt. Bei speziellen Lektionen muß jedoch von Fall zu Fall anders verfahren werden. (Siehe Kap. Versammlung)

Schlaufzügel / Stoßzügel

Wenn man nicht dauernd die Ausbinder umschnallen will, weil man z.B. den Handwechsel beim Longieren vornimmt, ohne das Pferd ganz zu sich zu rufen, kann man einen einzelnen Ausbinder (Stoßzügel) oder einen tiefgeschnallten Schlaufzügel verwenden, die zwischen den Beinen des Pferdes hindurchführen. (Siehe Abbildungen)

Chambon

Dem Ausbinder bei Rückenproblemen oder zu tief angesetztem Hals sowie generell bei jungen Pferden (falls bei diesen überhaupt Hilfszügel angebracht sind) oft vorzuziehen ist das Chambon oder der dem Chambon ähnliche Hilfszügel der Westernreiter, der auf das Ge-

Die richtige Länge des Ausbinders...

...und seine Nachteile:

Das Pferd kann sich nicht strecken.

Die Wirkung des Chambons:

Druck auf das Genick, wenn das Pferd Hals und Kopf zu weit hebt.

nick des Pferdes wirkt. Durch einen Ausbinder können immer Spannungen im Hals und Genick des Pferdes entstehen – das Chambon verhindert solche Spannungen besser, denn das Pferd ist nach jeder Richtung frei beweglich, nur nicht nach oben .

Mehr Arten von Hilfszügeln braucht man eigentlich nicht zu kennen, denn alle anderen sind für die Bodenarbeit und auch meist für das Reiten irrelevant.

Longiergurt

Will oder muß man mit Hilfszügeln arbeiten, braucht man einen Longiergurt. Dieser sollte auf jeden Fall die Möglichkeiten haben, die Hilfszügel höher oder tiefer einzuschnallen, d.h., er muß mehrere Ösen in verschiedener Höhe haben, um die Höhe zu variieren. Die Arbeit mit der Doppellonge oder dem langen Zügel wird dadurch deutlich erleichtert.

Damit wären wir bei den beiden letzten Ausrüstungsteilen:

Doppellonge und langer Zügel

Bei beiden ist das gute »In-der-Hand-Liegen« wichtig. Sowohl Doppellonge als auch langer Zügel sollten nicht so schwer sein wie die Longe, die einzeln verwendet wird – und vor allem nicht rund. Kann und soll man die einfache, schwere Longe am Halfter verwenden, um Dominanztraining und Grundgymnastizierung ohne körperliches Einzwängen des Pferdes zu absolvieren, so sind Doppellonge und besonders der lange Zügel eher ein Werkzeug für die Trense. Sie sollen – mit Tendenz in Richtung stärkere Versammlung – die Arbeit unter dem Reiter weitgehend simulieren. Dazu gehört es auch, die Zügelhilfen so zu geben, als ob man draufsitzen würde. Zügelähnliches Gurtmaterial ist dafür am besten geeignet. Kleine Haken zum Einhängen in die Trensenringe sind hier angebracht.

Der lange Zügel ist etwa 7–8 m lang. Die Doppellonge besteht entweder aus zwei einzelnen Longen oder einer von etwa doppelter normaler Länge mit einem Haken an jeder Seite.

Mit dem richtig geschnallten Schlaufzügel kann das Pferd sich aufrichten...

...und strecken.

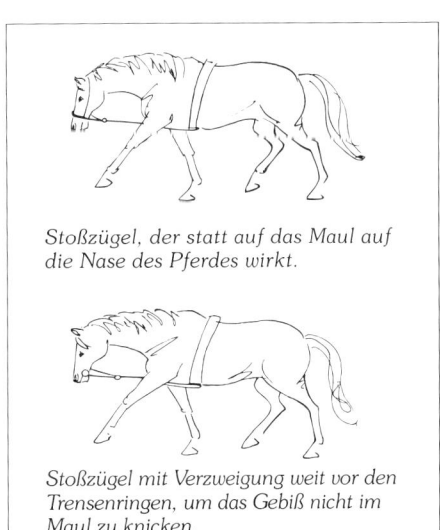

Stoßzügel, der statt auf das Maul auf die Nase des Pferdes wirkt.

Stoßzügel mit Verzweigung weit vor den Trensenringen, um das Gebiß nicht im Maul zu knicken.

Äußere Bedingungen

Neben der Vervollkommnung seiner eigenen Bewegungen und Reaktionen sowie der Auswahl von geeigneter Ausrüstung kann man sich das Leben noch dadurch erleichtern, daß man dem Pferd wenig Möglichkeiten gibt, sich dem Einfluß des Menschen zu entziehen.

Glücklich können sich diejenigen schätzen, die einen fest (am besten undurchsichtig) eingezäunten, überdachten Round-Pen von etwa 18 m Durchmesser ihr eigen nennen. In einem solchen Longierzirkel wird das Pferd wenig durch äußere Einflüsse abgelenkt. Es wird sich zwangsläufig mehr auf den Ausbilder konzentrieren. Zudem kann es beim Longieren nicht nach außen ausbrechen. Geht man zur Arbeit ohne Longe über (Ansätze zur Freiheitsdressur), so kann sich das Pferd nicht in einer Ecke feststellen, wie dies häufig in einer eckigen Bahn vorkommt. Natürlich muß die Arbeit später überall durchführbar sein. Es geht nur um die Anfangsübungen, bei denen man so viele Ansatzpunkte zum Widerstand ausschließen sollte wie möglich.

Wer ein so bequemes Hilfsmittel wie den Round-Pen nicht besitzt, muß improvisieren. Eine feste hohe »Strohballen-Umzäunung« ist als Ersatz brauchbar. Ein Paddock mit abgespannten Ecken kann ebenfalls als Führungshilfe dienen.

Auch die Bodenbeschaffenheit ist wichtig. Rutschfest sollte er auf jeden Fall sein, um das Pferd nicht zu verunsichern und damit zu verspannen. Und nicht allzu tief, es sei denn, ein junges Pferd mit zuviel Kraft soll müde gemacht werden.

Ist man gezwungen, bei jedem Wetter draußen zu arbeiten, so kann man an Tagen, an denen alles unter Wasser steht, evtl. an Trailhindernissen arbeiten. Man darf die Pferde nicht im glitschigen Schlamm an der Longe zu konzentriertem Arbeiten zwingen, wenn man merkt, daß sie auf diesem Boden Gleichgewichtsprobleme haben.

Zudem sollte man sowieso einen Blick aufs Wetter werfen. Bei viel Wind und Kälte ist hektisches, unkonzentriertes Verhalten des Pferdes meist vorprogrammiert. Die Übungen mit einem jungen oder schwierigen Pferd sollten deswegen besser bei ruhigem, warmem Wetter erfolgen.

Hoch eingezäunter Round-Pen als Führungshilfe und für die Arbeit ohne Longe.
Idealerweise wäre er noch undurchsichtiger eingezäunt, um die Aufmerksamkeit des Pferdes beim Ausbilder zu halten.

Grundlegende Arbeit

Klären der Dominanz/ Rangordnung

Eine anfangs verblüffende Art der Arbeit für den in Sachen »Dominanz« wenig oder nicht vorbelasteten Menschen ist das Konzept der natürlichen Ausbildung an der Hand, wie es der Amerikaner Pat Parelli in Reinform betreibt.

Die Grundlagen zu dieser Arbeit sind im Kapitel Herdenverhalten nachzulesen.

Dieses Konzept beruht auf einer Reduzierung der nötigen Ausrüstung durch verstärkten Einsatz der eigenen Körpersprache. (Im Zuge der weiteren Arbeit, bei speziellen Lektionen oder Schwierigkeiten kann es jedoch sinnvoll oder nötig sein, dieses Konzept um das klassische oder westernspezifische Equipment zu erweitern.)

Es arbeitet mit sehr viel Psychologie und sehr wenig Materialeinsatz im Gegensatz zur herkömmlichen Vorbereitung aufs Gerittenwerden. Keine Longenpeitsche, keine Ausbinder, kein Longiergurt, keine Trense, kein Kappzaum – und was sich nach der klassischen Methode sonst noch alles am Pferd befinden kann. Als einzig wirklich nötige Ausrüstung dienen ein dünnes, jedoch stabiles Strickhalfter sowie ein schwerer, nicht zu dicker etwa 3 m langer Strick! (Siehe Kapitel Ausrüstung) Der Strick wird im Laufe der Arbeit teilweise durch eine Longe ersetzt.

Mehr nicht?

Mehr nicht!

Alles andere ist zum einen psychologisches Verständnis des natürlichen Pferdeverhaltens und genaues Beobachten des Pferdes. Zum anderen ist es Bewußtwerdung und evtl. Korrektur der Wirkung des eigenen Verhaltens und der eigenen Haltung und Gestik (Körpersprache) auf das Pferd. (Siehe vorhergehende Kapitel)

Was für die natürliche Methode besonders wichtig ist, ist das grundsätzliche Verständnis der Rangordnung und der lebenswichtigen Faktoren Sicherheit und Schutz der einzelnen Herdenmitglieder, wie im Kapitel Herdenverhalten dargestellt. Es ist deswegen wichtig, weil das Verhalten von ranghohen, dominanten Tieren durch die eigene Körpersprache nachgeahmt werden soll. Gelingt dies, ist der Erfolg, der in einem freiwilligen (natürlichen) Gehorsam des Pferdes liegen soll, vorprogrammiert. Weil das Pferd dem Ranghöheren, der immer auch eine Schutzfunktion ausübt, aufgrund seines angeborenen Instinktes blind vertraut und sich ihm bedingungslos unterordnet, tritt Ungehorsam aufgrund von »Nichtwollen« nicht mehr auf. Der Ausbilder kann also bei geklärter Dominanz normalerweise davon ausgehen, daß der Ungehorsam seines Pferdes auf »Nichtkönnen« oder »Nichtverstehen« basiert, daß er also zuviel verlangt hat oder sich dem Pferd gegenüber mißverständlich ausgedrückt hat und den Fehler bei sich selbst suchen sollte. Das erleichtert die Entscheidung: »Strafe oder Nichtstrafe« ungemein.

Das Konzept der natürlichen Ausbildung an der Hand basiert auf einem ganz simplen Grundsatz des Herdenverhaltens:

Das rangniedere Pferd muß dem ranghöheren ausweichen!

57

Da der Mensch das ranghohe Pferd (im Idealfall den Leithengst oder die Leitstute) darstellen soll, kann er also den Platz des Pferdes – egal, wo sich dieses gerade aufhält – beanspruchen.

Das bedeutet in einem einfachen Beispiel in der Praxis: Das Pferd steht irgendwo dösend auf dem Auslauf. Der Mensch geht nun sehr bestimmten Schrittes auf es zu und treibt es von diesem Platz weg.

Hat das Pferd bisher wenig Respekt vor seinem Ausbilder gehabt, wird es unter Umständen versuchen, sich stur auf diesem Platz zu behaupten. Wenn es das schafft, hat der künftige Reiter die erste Runde im Rangordnungsspiel schon verloren – und wird vermutlich auch alle weiteren verlieren.

Forcierte Bewegung durch kreisendes Seilende

Ein einfaches Hilfsmittel dafür, seinem Ansinnen Nachdruck zu verleihen, ist der eingangs beschriebene schwere Strick, den der Ausbilder wie einen Propeller in der Hand schwingt (siehe Kapitel Ausrüstung). Zunächst verleiht diese forcierte Bewegung des Seilendes allen anderen Bewegungen (also auch der Vorwärtsbewegung in Richtung des Pferdes) eine stärkere Bestimmtheit. Sollte dies nicht ausreichen, um beim Pferd Eindruck zu machen, so kann man es mit diesem Propeller auch an Schulter oder Seite berühren, bis ihm das wiederholte Klatschen des kreisenden Seilendes zuviel wird und es das Feld räumt.

Der Vorteil des Seilpropellers gegenüber der Gerte liegt besonders bei schnellen Aktionen des Ausbilders darin, daß dieser schneller und flexibler eingesetzt werden kann. Es gibt jedoch einige Lektionen, besonders im versammelnden Bereich, wo der Einsatz

der Gerte besser, da präziser ist. Wem die Handhabung der Gerte sympathischer ist als das Seilende, der kann auch durchgehend mit der Gerte arbeiten; er wedelt dann mit der Gertenspitze, statt das Seilende zu schwingen. Wer beides ausprobiert hat, wird bei verschiedenen Pferden Unterschiede in den Reaktionen auf Seilende oder Propeller feststellen können. Das eine Pferd wird besser auf Seilende, das andere besser auf Gerte reagieren.

Wichtig bei dieser Art der Vorübung ist jedoch ein sehr genaues Im-Auge-Behalten des Pferdes, denn es ist gut möglich, daß es sich zwar blitzschnell von seinem Platz entfernt, dabei aber ungnädig ausschlägt. Oder aber es versucht erst einmal, selbst der Ranghöhere zu sein und läuft auf den Ausbilder zu. Dieser sollte der Drohung durch das Pferd in absolut aufrechter Haltung (siehe Kapitel Körpersprache) mit hocherhobenem Kopf sowie mit in Richtung des Pferdes ausgestrecktem Arm begegnen und möglichst einen Schritt auf das Pferd zu machen. Weicht er jedoch auch nur einen Schritt zurück, so hat wieder das Pferd einen Sieg in Sachen Rangordnung errungen.

Bei besonders renitenten Pferden kann man auch statt des kreisenden Strickes eine längere Gerte verwenden und mit

Pferd heranholen – bei Widerstand etwas Druck aufbauen...

dieser wedeln (nicht schlagen), um sich nicht zu dicht in Reichweite der Hufe zu begeben. Bei solchen Übungen ist es sinnvoll, die "Gefahrenzone" zu kennen.

Anfangs ist es erst einmal völlig egal, in welche Richtung das Pferd von dem beanspruchten Platz verschwindet. Die weitere Arbeit nach diesem Konzept besteht darin, das Pferd nach einer bestimmten Richtung bzw. nur die Vorhand oder nur die Hinterhand des Pferdes ausweichen zu lassen.
Dazu arbeitet man es am schon erwähnten Halfter mit Strick bzw. Longe, später in einem Round-Pen (geschlossenen Longierzirkel) auch ohne Strick.

Prinzipiell hat das Pferd dabei 6 Möglichkeiten des Ausweichens:
nach oben
(z.B. durch Steigen oder Erklettern eines Hügels etc.)
nach unten
(z.B. durch Hinlegen oder Herunterspringen in ein Loch oder eine Senke)
nach vorne
durch Vorwärtsgehen
nach hinten
durch Rückwärtsgehen
zur Seite nach rechts oder links
durch Ausweichen mit Vor- oder Hinterhand (in Form von Hinterhandwen-

...und loben, wenn es herangekommen ist. (z.B. mit einem Streichen über die Stirn).

dung oder Vorhandwendung) – durch eine komplette Seitwärtsbewegung von Vorhand und Hinterhand nach rechts oder links in Form von:
– Schenkelweichen (45°)
– reinem Seitwärtstreten (90°)

Die Arbeit des Ausbilders besteht nun darin, das Pferd so zu schulen, daß es ihm präzise in die von ihm gewünschten Richtung ausweicht. Die Ausweichmöglichkeiten nach oben und unten sind dabei erst einmal zu vernachlässigen – sie werden später gebraucht, wenn das Pferd an der Hand im bergigen Gelände oder an kleinen Auf- und Absprüngen gearbeitet werden soll oder aber für Kunststückchen in der Freiheitsdressur (steigen lassen, hinlegen lassen). Sie werden z.T. später noch aufgegriffen.Wichtig sind für den Anfang die anderen vier Richtungen – nach vorne/hinten/rechts/links.

1. Nach vorne
(im Sinne von: zu sich heran)
Der Ausbilder holt das Pferd zu sich. Dabei steht der Mensch 2–3 m vom Pferd entfernt, schaut es frontal an und zieht leicht am Seil. Benutzt er eine Longe, so kann der Abstand auch noch größer sein.
Die Reaktion des Pferdes kann nun

Kopf durch vibrierenden Druckaufbau herunterziehen.

sehr unterschiedlich sein. Hat es in irgendeiner Form Angst vor dem Menschen oder will es aus anderen Gründen gerade nicht zu ihm kommen, so wird es bockbeinig stehen bleiben und dem Druck hinter den Ohren durch Langmachen des Halses ohne sonstige Vorwärtsbewegung nachgeben. In diesem Fall handhabt der Ausbilder den Strick ähnlich wie ein Gummiband: er erhöht langsam den Zug und gibt immer mal wieder leicht nach, um zu testen, ob das Pferd sich evtl. nur gegen den Druck wehrt und bei Wegfall des Druckes von allein käme. Reagiert es nicht, so wird wieder Druck aufgebaut, (ähnlich wie bei halben Paraden in der engl. Reitweise jedoch anfangs mit mehr Kraftaufwand) bis ihm die Sache zu unangenehm wird und es einen Schritt nach vorne geht. Nach dieser Reaktion gibt der Ausbilder sofort am Strick nach. Besser ist es noch, während der Bewegung nachzugeben. Das Pferd verbindet nun den Schritt nach vorne mit etwas Angenehmem, dem Aufhören des Druckes im Genick. Weitere Schritte nach vorn sind dem Pferd nun auf die gleiche Weise zu entlocken. Schon nach kurzer Zeit wird es mehrere Schritte auf den Ausbilder zu gehen. Wichtig ist immer das sofortige Nachgeben, sobald das Pferd auch nur den Ansatz einer Vorwärtsbewegung zeigt. Idealerweise gibt der Mensch schon nach, wenn es einen Vorderhuf hebt. Das Pferd wird dann seine Bewegung auf den Menschen zu als freiwillige eigene Entscheidung empfinden. Es konnte zwischen Angenehm und Unangenehm wählen. Für den weiteren Erfolg der Arbeit ist sehr wichtig, dem Pferd zu suggerieren, es täte etwas aus eigenem Antrieb.
Sobald das Pferd stehenbleibt, wird wieder Druck aufgebaut. Schon nach

sehr kurzer Zeit gibt es selbst dem leichtesten Druck durch eine Vorwärtsbewegung nach. Stellt es sich sehr stur, kann man mit der Peitsche arbeiten und es mit dem Bogenschlag (von hinten an die Vorderbeine) heranholen.
Hat es den Ausbilder erreicht, wird es gelobt (Art des Lobes siehe entsprechendes Kapitel) und eine Weile völlig ruhig stehengelassen. Damit wird das Ende dieser Übung angezeigt. Überhaupt sollte jede Übung mit diesem ruhigen Stehenlassen enden.
Nach einer angemessenen Ruhepause kann das Heranholen wiederholt werden.
Die Lektion des Heranholens wird häufig mit der des Weichens nach hinten (siehe nächster Abschnitt) kombiniert.
Funktioniert die Übung, so kann man den Abstand zwischen sich und dem Pferd auch während der eigenen Vorwärtsbewegung verringern, das Pferd also, während man selbst läuft, zu sich heranholen. Für Wanderreiter kann dies besonders wichtig sein, wenn sie sich mit ihren Pferden in schwierigem Gelände bewegen.

Kopf herunterziehen
Eine Variante dieser Übung ist es, den Kopf des Pferdes »herunterzuziehen«.
Der Ausbilder geht dabei vor dem Pferd in die Hocke und übt von unten in der eben beschriebenen Manier Druck auf das Genick des Pferdes aus, bis das Pferd mit der Nase den Boden berührt. Will es ihn unaufgefordert heben, so folgt sofort wieder ein leichter Zug am Strick. Nach kurzer Zeit wird das Pferd den Kopf am Boden lassen, solange der Ausbilder kein gegenteiliges Kommando gibt.
Sinn dieser Lektion ist erstens wieder das Nachgeben des Pferdes auf den fordernden Druck des Ausbilders und

zweitens die Möglichkeit, die Rückenmuskulatur dadurch zu entspannen (siehe auch Kapitel Entspannung). Eine witzige Spielerei ist es, zu versuchen, das Pferd aufzuzäumen, während man selbst vor ihm in die Hocke geht. Man kann dabei überprüfen, wie weit es freiwillig den Kopf unten läßt.

Diese Übungen des Nachgebens auf ausgeübten Druck sensibilisieren das Pferd mit der Zeit so, daß es schon dem Ansatz eines Druckes oder Zugs nachgibt. Die spätereArbeit wird damit stark erleichtert, weil es auch unter dem Reiter schon minimalem Druck nachgeben wird, wenn es an der Hand darauf konditioniert wurde.

1.a Nach vorne (das Pferd vor sich herschicken, von hinten führen)

Hier muß in ähnlicher Form getrieben werden, wie es der Leithengst einer Herde tun würde (siehe Herdenverhalten).

Der Ausbilder steht schräg hinter dem Pferd, hat es am langen Strick und schickt es durch das kreisende Seilende oder einen Klaps mit der Hand nach vorne. (Auch die spätere Arbeit am langen Zügel basiert auf diesem Führen von hinten.)

So kann man mit dem Pferd dann eine Weile spazierengehen – auch im Gelände, an angsterzeugenden, »pferdefressenden« Ungeheuern vorbei.

Das Pferd assoziiert mit dem, der es von hinten führt, das Leittier, dem es blind gehorcht und vertraut.

Nun treten bei dieser Art des Führens natürlich anfangs auch Probleme auf: Das Pferd will an diesem oder jenem Gegenstand nicht so gern vorbei, es bleibt nicht in der gewünschten Richtung, die der Ausbilder gern hätte u.s.w. Mit einer festen Gerte oder einem kleinen Stöckchen (wegen der

Reichweite besser als der Seilpropeller) kann man nun das Pferd an der Schulter, am Hals oder am Bauch anklopfen, um die Richtung zu korrigieren oder auch um mehr vorwärts zu treiben, und imitiert damit die Bisse des Hengstes bei Ungehorsam des Rangniederen.

2. Nach hinten (im Sinne von: rückwärts wegschicken)

Das Pferd soll nach hinten ausweichen, idealerweise, ohne daß sich der Ausbilder dabei von seinem eigenen Standplatz fortbewegt. D.h., er soll das Pferd nur mit seiner eigenen Körpersprache dazu auffordern, sich rückwärts von ihm zu entfernen.

Eine sinnvolle Vorübung, um dem Pferd erst einmal die gewünschte Bewegungsrichtung klarzumachen ist es, frontal auf das Pferd zuzugehen und dabei das Seilende vor seiner Nase kreisen zu lassen. Ein sensibles, ängstliches Pferd wird erschreckt die Augen aufreißen und nach hinten ausweichen, ein eher phlegmatisches muß evtl. erst

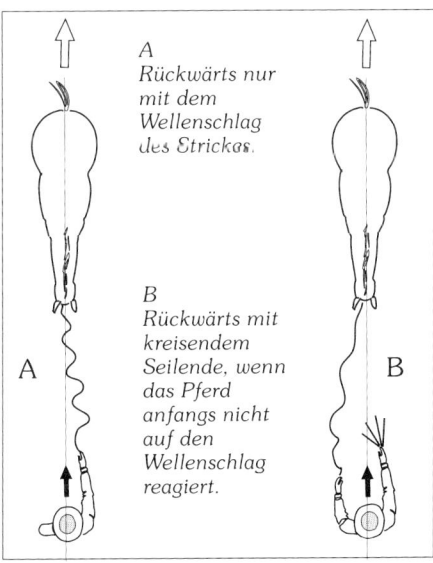

A
Rückwärts nur mit dem Wellenschlag des Strickes.

B
Rückwärts mit kreisendem Seilende, wenn das Pferd anfangs nicht auf den Wellenschlag reagiert.

A

B

mit dem kreisenden Seilende an der Nase berührt werden, bevor es den Rückzug antritt.

Der Ausbilder achte nun darauf, seine eigene Haltung schon in diesem Stadium der Vorbereitung kritisch zu beobachten und gegebenenfalls zu korrigieren. Er muß das Gefühl haben, vor seinem Pferd zu wachsen. Seine Bewegung ist genau auf die Brust des Pferdes gerichtet. Er schaut das Pferd dabei mit erhobenem Kopf voll an und streckt den Arm mit dem kreisenden Seilende nach vorn, zielt damit Richtung Brust oder Nase des Pferdes. Je höher dabei das Pferd den Kopf nimmt, um so höher zielt man mit dem Seilpropeller, damit das Pferd diesen auch im Blickfeld hat.

Besondere Aufmerksamkeit sollte er auch seiner Atmung widmen. Der Atem darf auf keinen Fall stocken. Hält der Ausbilder den Atem an, so verkrampft er sich innerlich, und seine Körpersprache drückt Angst oder Unsicherheit aus. Dies wird vom Pferd sofort registriert und untergräbt die Autorität des Ausbilders deutlich.

Will man zuerst ohne Seilende arbeiten,um z.B. ein ängstliches Pferd nicht zu erschrecken, so kann man es mit den Fingern beeinflussen. Man kann einen Biß imitieren, indem man das Pferd mit den Fingern anpiekt.

Minimalhilfen bei der Bodenarbeit

Ein Schritt in Richtung der Beeinflussung des Pferdes ohne Hilfsmittel und ohne es zu berühren, ist es, dem Pferd mit hoch erhobenen Armen vor dem Kopf hin und her zu wedeln. Man imitiert damit das Steigen eines ranghöheren Pferdes. Reagiert es nicht, kann man ihm mit den Handflächen seitlich an den Kopf klatschen, bis es nach hinten ausweicht. Diese Übung sieht für den unbedarften Zuschauer grausig

aus: Das Pferd reißt dabei die Augen auf und den Kopf hoch, ein Bild des Widerstandes, wogegen der Mensch deutlich an einen Hampelmann erinnert. Jedoch wird das Pferd damit auf die körpersprachlichen Signale des Menschen aufmerksam gemacht, wenn es vorher eher geneigt war, den Menschen nicht so ganz ernst zu nehmen. Schon nach kurzer Zeit wird es aufmerksamer werden und ohne unschöne Bilder reagieren.

Wie beim Reiten (insbesondere beim Westernreiten) wird auch bei der Bodenarbeit die Hilfengebung schrittweise reduziert, also auch in Richtung einer Minimalhilfengebung gearbeitet.

Nach all diesen Vorübungen kann man nun versuchen, das Pferd nur über die eigene, etwas drohende Körperhaltung von sich wegzuschicken.

Statt des kreisenden Seilendes, mit dem man dem Pferd meistens ziemlich nahe kommen muß, bevor es reagiert, benutzt man das Seil nun in anderer Weise. Es wird in wellenförmige Bewegung versetzt, so daß das Pferd in regelmäßigen Abständen einen kleinen Ruck auf die Backen bekommt. Die aufrechte Haltung, der regelmäßige Atem und vor allem der nach vorneoben ausgestreckte Arm signalisieren dem Pferd »Rückzug«. Reagiert es nicht, so werden in die Wellenbewegung etwas härtere, seitliche Seilschläge eingefügt. (Härtere Anschläge nur auf einer Seite können neben der Position des Ausbilders auch die Richtung korrigieren helfen, wenn sich das Pferd seitlich dem geraden Rückwärtsrichten entziehen will. Weicht die Hinterhand nach rechts aus, so wird auf der linken Kopfseite härter geruckt, damit es den Kopf nach rechts wendet. Der Ausbilder steht jedoch dabei auf der rechten

Eigenes Rückwärtslaufen des Ausbilders veranlaßt das Pferd zum Rückwärtsgehen.

Rückwärts mit Wellenschlag einen kleinen Abhang hinunter.

Das Pferd wird nur durch Körpersprache am losen Führseil zurückgeschickt.

Seite, um die Hinterhand in der gewünschten Richtung zu korrigieren – siehe auch Seitwärtsbewegung).

Irgendwann wird dem Pferd die Störung durch den Wellenschlag zu viel, und es weicht rückwärts aus. Dann hört der Wellenschlag erst einmal sofort auf. Er setzt wieder ein, wenn das Pferd weiter rückwärts gehen soll. Reagiert das Pferd gut, so wird der Wellenschlag nur noch als leichtes Signal benutzt, solange das Pferd sich rückwärts vom Ausbilder entfernen soll. Er hört auf, wenn das Pferd stehenbleiben soll.

Bei dieser Lektion ist das Loben fast nur noch mit der Stimme und durch »Zufriedenlassen/Stehenlassen« möglich, denn das Pferd entfernt sich vom stehenden Ausbilder. Der Mensch schickt also das Pferd von sich weg, ohne sich selbst von der Stelle zu rühren – nur mit der Kraft des Ausdrucks seiner eigenen Gestik und Körpersprache. Das Hilfsmittel des wellenschlagenden Seiles kann – z.B. bei Arbeit in einem Round-Pen – später vollständig entfallen. Das Pferd reagiert dann nur noch auf die Körpersignale des Ausbilders.

Eine weitere Übung in diesem Sinn ist das schon in Kapitel Herdenverhalten angeschnittene Führen des Pferdes, erst im Schritt, später im Trab mit anschließendem sofortigem Rückwärtstreten. Das Pferd soll sich dabei hinter dem Ausbilder befinden. Der Ausbilder bleibt abrupt stehen und legt selbst den Rückwärtsgang ein (ohne dabei nach hinten zu schauen). Er hebt dabei beide Ellbogen und wedelt ein wenig damit wie ein Huhn, welches versucht zu fliegen. Das Pferd sollte nun auch sofort rückwärts marschieren. Falls nicht, bekommt es die Ellbogen vor die Nase. Funktioniert diese Übung aus Schritt und Trab auch bei sehr schnellen Bewegungen des Ausbilders, so zeigt das Gelingen deutlich den Grad der Aufmerksamkeit des Pferdes, die es auf einen Ranghöheren richten muß, um nicht von ihm zurechtgewiesen zu werden, weil es ihn z.B. unabsichtlich anrempelt oder überholt.

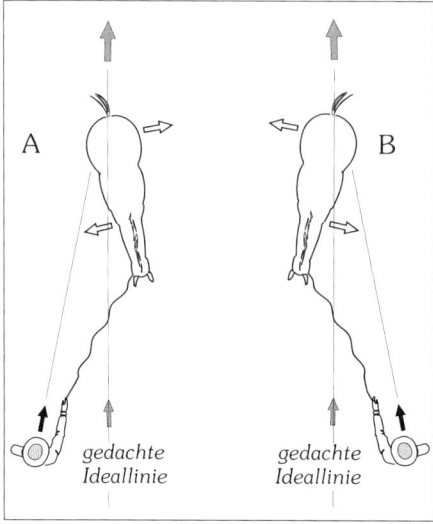

Korrektur des mit der HH nach links (A) und nach rechts (B) ausweichenden Pferdes. Der Ausbilder zielt mit seiner Bewegung auf die Hinterhand des Pferdes. Diese weicht aus, und das Pferd kommt zurück auf die Ideallinie. (Siehe auch »Fixierung«).

Das Ausweichen nach hinten gymnastiziert das Pferd und festigt die Position des Ausbilders, denn es ist eine Demutsgebärde gegenüber dem Ranghöheren.
Ein späteres Rückwärtsrichten unter dem Reiter gestaltet sich mit solchen Vorübungen recht einfach. Meist reicht ein Anheben der Hand mit einem leichten Zügelschütteln, welches die Wellenbewegung des Seiles/der Longe nachahmt.

3. Seitliches Ausweichen nach rechts oder links

mit den drei verschiedenen Möglichkeiten des Weichens:

3.a Nur die Hinterhand weicht aus

Das Pferd führt dabei eine Vorhandwendung aus.
Sinn der Übung ist die völlige Kontrolle der Hinterhand des Pferdes. Mit dieser Kontrolle ist das Pferd, wie nachfolgend noch beschrieben wird, z.B. an der Longe, immer ohne Kraftaufwand anzuhalten. Auch für den Richtungswechsel beim Longieren ist diese Kontrolle wichtig.
Der Ausbilder steht bei dieser Lektion seitlich neben dem Pferd, etwa in Höhe seines Kopfes, mit Blickrichtung auf die Hinterhand des Pferdes. In der dem Pferd zugewandten Hand hält er den Strick, so daß dieser in einer Schlaufe bis fast auf den Boden durchhängt (siehe Abb.).
Um die Hinterhand zum Ausweichen zu veranlassen, bewegt er sich nun zielgerichtet und bestimmt, mit deutlichem Anheben seiner eigenen Beine aus der Hüfte heraus auf diese zu. Die Fußspitzen zeigen bei seiner Vorwärtsbewegung genau auf den inneren Hinterhuf des Pferdes. Seine Haltung ist aufrecht. Unterstützt wird seine eigene Bewegung durch das kreisende Seilende, welches er mit der dem Pferd abgewandten Hand schwingt und damit in Richtung Knie/Oberschenkel des Pferdes zielt.
Soll die Hinterhand des Pferdes z.B. nach rechts weichen, so steht der Ausbilder auf der linken Seite des Pferdes.

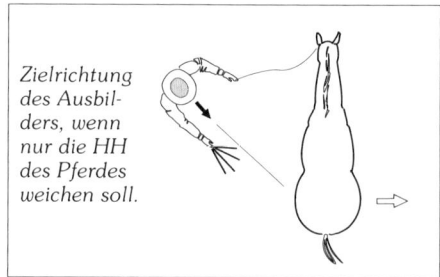

Zielrichtung des Ausbilders, wenn nur die HH des Pferdes weichen soll.

Seine rechte Schulter befindet sich schräg neben dem Kopf des Pferdes. Seine rechte Hand hält locker den Strick, seine linke schwingt das freie Seilende (»links« und »rechts« aus dem Blickwinkel des Ausbilders gesehen). Er bewegt sich nun auf die Hinterhand des Pferdes zu, die idealerweise sofort nach rechts ausweicht.

Nun soll bei dieser Übung nur die Hinterhand weichen, nicht das ganze Pferd. Das bedeutet, daß die Vorhand stehen bleibt, wenn das Pferd richtig reagiert bzw., wenn der Ausbilder die richtigen Signale gibt. Es ist im Prinzip eine schnelle Vorhandwendung, die da verlangt wird. Die richtige Ausführung ist über den losen Führstrick kontrollierbar. Er soll nach der gewünschten Reaktion immer noch lose in einer Schlaufe bis fast auf den Boden hängen.

Das Pferd soll nach Ende der Übung den Ausbilder immer anschauen. Zeigt es ihm hingegen die Seite und spannt sich der Führstrick, so hat es nicht richtig reagiert, und die Übung wird fortgesetzt, so lange, bis es ihn anschaut, also nur die Hinterhand weicht.

Es ist jedoch kaum anzunehmen, daß das Pferd sofort, wie oben beschrieben, richtig reagiert. Ein stures Pferd ohne genug Respekt vor dem Ausbilder wird u.U. erst einmal gar nicht reagieren und den Menschen nur verwundert anschauen, was denn das nun schon wieder soll. Ein sensibles, ängstliches Pferd wird vielleicht einen Satz seitwärts machen, jedoch mit Vor- und Hinterhand, so daß der Strick vorne sich auch spannt, die Vorhand sich also vom Ausbilder entfernt.

Dem sturen Pferd wird also nun der Mensch durch seinen Seilpropeller deutlich auf die Sprünge helfen, indem er es damit berührt. Das regelmäßige Klatschen gegen die Hinterhand wird

Das Pferd weicht mit der Hinterhand aus. Die Fußspitze des Ausbilders zielt auf den inneren Hinterfuß des Pferdes, der Strick ist lose.

das Pferd schließlich zu einer Ausweichreaktion veranlassen. Die häufigste Reaktion wird jedoch die sein, daß sich das Pferd komplett von der Störungsquelle Mensch entfernen will – mit Vorhand und Hinterhand.

Der Ausbilder muß nun diese falsche Reaktion sofort erkennen und die Übung fortsetzen. Dazu sollte er etwas Kondition haben, denn ein schnelles Nachlaufen (hinter der Hinterhand her in diesem Fall) ist oft unerläßlich. Er kann zu Korrekturzwecken den Strick kurztristig vorn etwas kürzer fassen und die Vorhand des Pferdes mehrmals kurz zu sich heranziehen (keinen dauernden Zug ausüben, damit sich das Pferd vorne nicht festmachen kann). Der Seilpropeller klatscht derweil weiterhin auf die Hinterhand. Irgendwann wird man mit dieser Methode auch einem phlegmatischen Pferd eine heftige Reaktion entlocken können. Es kreiselt dann hektisch um den Ausbilder herum. Genau das ist beabsichtigt: eine schnelle Reaktion, wie es auch das rangniedere Pferd in der Herde zeigen

65

muß, will es nicht vom ranghöheren Prügel beziehen.

Hört der Ausbilder mit seinen Signalen/Hilfen auf, so soll das Pferd ihn anschauen. Tut es das nicht, so beginnt er von neuem.

Hektische Pferde springen dabei oft ziemlich wild in der Gegend herum.

Ihnen muß man immer genug Seil lassen und darf nicht versuchen, sie festhalten zu wollen.

Weicht das Pferd nach einer Seite gut, so wird das Ganze auf der anderen Seite probiert. Auch bei der Bodenarbeit zeigt sich schnell die steifere Seite des Pferdes, auf der die Hinterhand schlechter ausweicht.

Hat der Ausbilder beide Seiten völlig unter Kontrolle, so hat er das Pferd völlig auf seine eigenen Bewegungen fixiert. Ein Prüfstein für den Erfolg dieser Lektion ist die folgende Übung:

Fixierung

Der Ausbilder stellt sich vor das Pferd: Er macht einen Schritt nach rechts vorne – das Pferd muß mit der Hinterhand nach links weichen. Die Vorhand bleibt stehen, jedoch dreht sich das ganze Pferd durch die Bewegung der Hinterhand um den »Drehpunkt Vorderbeine«, so daß es ihn wieder anschaut. Er macht daraufhin einen Schritt nach links – das Pferd weicht mit der Hinterhand nach rechts – und schaut ihn wieder an.

Diese Schritte nach rechts und links können nun in schnellerer Folge und unregelmäßig ausgeführt werden – das Pferd ist bei richtigem Lernerfolg der Hinterhand-Ausweichlektion völlig auf die Bewegungen des Menschen fixiert und dementsprechend absolut aufmerksam auf dessen Körpersignale. Es wird ihn immer im Auge behalten wollen, um schnell genug ausweichen zu können, wenn er dies fordert. Später reicht eine Seitwärtsbewegung des Ausbilders für die Reaktion des Pferdes aus; die Bewegung nach vorne – Richtung Hinterhand – kann bei schnellem Richtungswechsel und genügend entwickelter Sensibilität und Aufmerksamkeit des Pferdes entfallen. Prinzipiell führt das Pferd bei der Fixierung eine ähnliche Bewegungsfolge aus, wie das Westernpferd beim Cutting. Jedoch wird sie anders verursacht. Das Cutting-Pferd reagiert auf die Bewegungen

Fixierung: das Pferd folgt den Bewegungen des Ausbilders.

Hier kann man sehen, wie stark das Pferd bei der Fixierung die Hinterhand einsetzen muß.

66

des Rindes, weil es das Rind unter Kontrolle halten will. Bei der Fixierung verursacht der Ausbilder die Bewegungen des Pferdes, weil er es kontrolliert.
Das Cutting-Pferd kontrolliert also, und das fixierte Pferd wird kontrolliert.

Die mit der Fixierung erlangte Aufmerksamkeit des Pferdes bedingt seine sichere Kontrolle an der Hand und an der Longe oder im Round-Pen.
Ist die Reaktion des Pferdes in dieser Lektion gefestigt, kann der Ausbilder sein Pferd nun z.B. longieren und es durch einen Schritt Richtung Hinterhand aus jeder Gangart anhalten: Es dreht die Hinterhand nach außen und schaut ihn an.
Das funktioniert auch bei Widersetzlichkeiten des Pferdes, z.B. wenn es im Zirkel nach außen drängelt, über die Schulter weglaufen will etc. Jedoch funktioniert es nur, wenn diese Unarten im Ansatz bekämpft werden können, der Ausbilder also schnell genug reagiert.
Eine Sekunde zu langsam jedoch, eine Sekunde das Pferd aus den Augen gelassen, und schon kann das renitente Pferd gewonnen haben und den Ausbilder samt Longe über den Platz ziehen.
Der Schritt Richtung Hinterhand dreht das Pferd nur dann Richtung Ausbilder, wenn dieser noch die grundsätzliche Aufmerksamkeit des Pferdes hat. Ist das Pferd schon mit seinen eigenen Dingen beschäftigt, z.B. unaufgefordert die Richtung zu wechseln, so kommt jede Reaktion des Longierenden zu spät. Das weitverbreitete sinnlose und gedankenlose Longieren des Pferdes, nur um es etwas zu bewegen und ohne ihm die gebührende Aufmerksamkeit zu widmen, führt zu solchen Fehlern.
Wie bei vielen anderen Dingen, die mit Pferden zu tun haben, gibt es auch bei der Bodenarbeit, in diesem speziellen Fall beim Longieren, eine Wechselwirkung zwischen der Aufmerksamkeit, der Konzentration, die der Ausbilder dem Pferd widmet, und der Aufmerksamkeit, die daraufhin das Pferd bereit ist, dem Ausbilder zu widmen.

3.b Das Pferd weicht mit der Vorhand aus

Noch mehr als bei der Übung des Hinterhandweichens sollte dem Ausbilder bei dieser Übung die Luft nicht so schnell ausgehen. Ab und zu muß er dabei nämlich ganz schön rennen.

Prinzipiell ist diese Übung eine Hinterhandwendung, bei schnellerer Ausführung ein Spin an der Hand. Bei der schnelleren Ausführung gibt es jedoch Unterschiede in der Handhabung des Führstrickes (siehe Kapitel Reininglektionen).
Noch diffiziler als beim Weichen der Hinterhand ist hier die Körperposition und vor allem der Standort des Ausbilders. Schon geringe Abweichungen von der Idealposition führen bei dieser Lektion zu einer falschen oder völlig fehlenden Reaktion des Pferdes.
Der Ausbilder steht in Höhe der Schulter des Pferdes mit etwa einem Meter Abstand. Die genaue Position kann er über die Reaktion des Pferdes ermitteln. Steht er zu weit vorne, biegt das Pferd den Hals von ihm weg und weicht nicht oder nur schleppend mit der Vorhand. Steht er zu weit hinten, so weicht u.U. das ganze Pferd seitwärts aus.
Er bewegt sich nun schräg – etwa mit Blickrichtung auf die Mitte zwischen Kopf und Schulter des Pferdes – auf den vorderen Teil der Schulter des Pferdes zu. (Abb. S. 66) Die Fußspitze des näher am Pferd stehenden Beines zeigt

beim Antreten auf den Ballen des inneren Vorderhufs. Den wieder lang durchhängenden Strick hält er in der Hand, die näher am Pferdekopf ist; mit der der Pferdeschulter näheren Hand schwingt er den Seilendenpropeller, bis das Seilende die Schulter berührt.

Beispiel: Das Pferd soll mit der Vorhand nach rechts weichen. Der Ausbilder steht auf der linken Seite des Pferdes, hält mit der linken Hand das Seil und schwingt in der rechten Hand das Seilende.

Selbstkorrektur

Weicht nun das Pferd nach rechts aus, so muß der Ausbilder sofort nachset-

Die Vorhand weichen lassen: richtige und falsche Positionen des Ausbilders.

*Korrekt:
Zielrichtung
auf inneres
Vorderbein.*

*Zu weit vorn:
Das Pferd
biegt nur den
Hals weg und
bleibt ansonsten stehen.*

*Zu weit hinten:
das Pferd
weicht mit der
gesamten
Längsachse
aus, wie es
beim Seitwärtstreten richtig
wäre.*

zen, um weiteres Ausweichen – also z.B. eine volle 360-Grad-Drehung – zu erreichen. Je schneller das Pferd weicht, desto besser; desto schneller muß jedoch auch der Ausbilder laufen, denn bei dieser Art des Ausweichens steht er nicht in der Nähe des Drehpunktes wie beim Weichen der Hinterhand, sondern steht bzw. läuft weit entfernt vom Drehpunkt Hinterhand.

Gleichzeitig mit dem Laufen im Kreis muß er noch auf seine Haltung achten sowie seine Position im Verhältnis zur Pferdeschulter ständig korrigieren: Gerät er zu weit nach vorne, so zielt er nicht mehr auf die Vorderbeine, und das Pferd wird nur noch den Hals biegen und die Beine nicht mehr bewegen. Kommt er zu weit hinter die Schulter, so weicht das Pferd mit Vor- und Hinterhand oder es versucht, nach vorne wegzulaufen. All diese Fehler sind nicht durch Ziehen am Führstrick zu korrigieren, sondern nur durch die Korrektur der eigenen Position.

Zu achten ist auch auf die Länge des Führ-Strickes, denn das Pferd dreht bei richtiger Reaktion den Kopf vom Ausbilder weg in die Wendung hinein (wie beim Spin des Westernpferdes bzw. bei der Hinterhand-Wendung bzw. Pirouette des Dressurpferdes) und braucht dementsprechend genug Spielraum am Strick. Der Strick darf sich nicht spannen, wenn das Pferd mit mehr Tempo ausweicht. Spannt sich der Strick, ist dies eine widersprüchliche Hilfe: die Vorhand wegtreiben und gleichzeitig den Kopf zu sich ziehen.

Neben der Möglichkeit, Hinterhandwendung und später Spin schon mit dem ungerittenen Pferd zu trainieren, bietet diese Übung wieder eine Grundlage für die Longenarbeit oder Arbeit im Round-Pen ohne Longe. Sie ist

Die Vorhand weicht aus. Reagiert das Pferd gut, wie hier, braucht man den Seilpropeller nicht und hält den Strick wie abgebildet.

nämlich Teil des Richtungswechsels, der sich aus dem Weichen der Hinterhand, dem Hereinrufen des Pferdes und schließlich dem Weichen der Vorhand und dem darauffolgenden Wegschicken des Pferdes zusammensetzt (siehe Arbeit im Round-Pen/Richtungswechsel).

Im folgenden Abschnitt wollen wir uns nun mit dem reinen Seitwärtstreten und mit dem Schenkelweichen/Two Track beschäftigen. Andere Arten der Seitwärtsbewegung werden im Kapitel über die Versammlung noch erläutert.

3.c Vorhand und Hinterhand weichen aus

Hat man die beiden vorigen Abschnitte über das Weichen der Hinterhand und der Vorhand aufmerksam gelesen, so müßte prinzipiell klar sein, wie man sein Pferd seitwärts dirigiert: Es wird weder auf die Hinterhufe noch auf die Vorderhufe »gezielt«. Die Bewegung des Ausbilders sowie auch das kreisende Seilende zielen nunmehr in die Mitte des Pferdes: Dieses weicht über seine gesamte Längsachse aus.

Doch auch hier gibt es wieder Unterschiede in der Position des Ausbilders. Steht er genau in der Mitte des Pferdes, so wird es über eine reine Seitwärtsbewegung ausweichen. Es bewegt sich also in einem Winkel von 90 Grad zu seiner eigenen Längsachse. Diese Art des Ausweichens wird derjenige vermehrt brauchen, der ein Westernpferd im Trail trainieren will (siehe Kapitel Weiterführende Arbeit).

Steht der Ausbilder etwas mehr in Richtung Schulter, wird das Pferd sich vorwärts-seitwärts von ihm entfernen – in einem Winkel von etwa 45 Grad. Die Vorhand weicht in diesem Fall stärker aus als die Hinterhand – das entspricht unter dem Reiter dem Schenkelweichen, bei den Westernreitern Two Track genannt.

Bei der Seitwärtsbewegung muß darauf geachtet werden, daß sich das Pferd im Hals nicht zu sehr verbiegt. Die Längsachse des Pferdes soll in sich nur leicht gebogen sein. Ein zu starkes Abstellen im Hals erschwert die Kontrolle der Bewegungsrichtung. Außerdem entzieht sich das Pferd in der 45°-Bewegung dem Übertreten, indem es über die Schulter wegläuft: die Beine kreuzen in diesem Fall nicht, sondern bewegen sich geradeaus. Die Korrektur des »Über-die-Schulter-Weglaufens« ist evtl. durch ein Schütteln des Führstrickes möglich, welches das Pferd dazu veranlassen soll, den Hals wieder geradezustellen. Oder man versucht, das Pferd durch Anpieken mit den Fingern, leichtes Anticken mit dem Seilende oder einem Gertenknauf an die Kopfseite zum Wegdrehen des zu stark gebogenen Halses zu bewegen. Bei schon weitgehend sensibilisierten Pferden reicht nur das Deuten mit diesen Hilfsmitteln oder dem Finger in Richtung des Kopfes. Hilft das auf Dauer nichts, so kann man die Stellung mit dem langen Zügel oder mit Ausbindern korrigieren (siehe Kapitel langer Zügel/Doppellonge).

Wer sich mit einer Gerte bei diesen Übungen wohler fühlt, kann sie statt des kreisenden Seilendes verwenden, um das jeweilige innere Hinterbein bzw. Vorderbein durch Antippen zum Übertreten zu veranlassen.

Mit Führstrick und unausgebundenem Pferd sind jedoch nur die Seitwärtsbewegungen ausführbar, bei denen das Pferd gegen die Bewegungsrichtung oder geradegestellt ist (vergl. unter dem Reiter: Schenkelweichen/Two Track und Schulter herein sowie die 90°-Seitwärtsbewegung für manche Trailhindernisse).

Die traversalartige Bewegung mit Stellung des Pferdes in Bewegungsrichtung kann später am langen Zügel trainiert werden.

Zielrichtung des Ausbilders beim Schenkelweichen (A) und bei der reinen Seitwärtsbewegung (B).
Falls das Pferd sich wie in C verbiegt und in Bewegungsrichtung X einfach geradeaus läuft, kann es durch einen Wellenschlag Richtung Kopf wieder geradegerichtet werden.

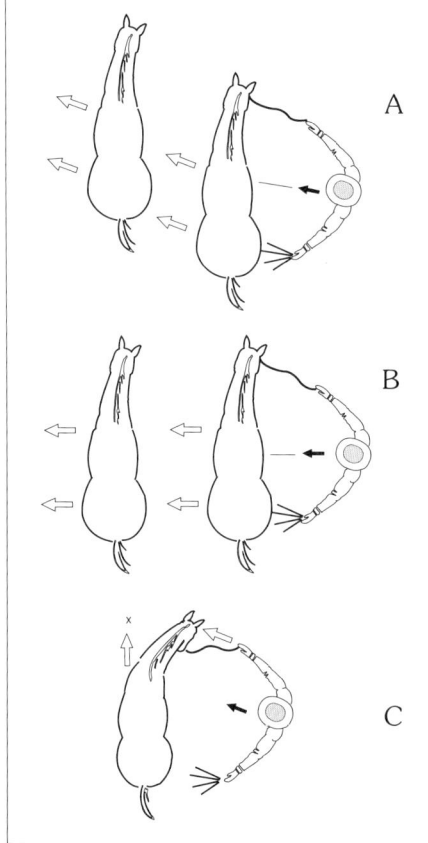

Arbeit auf Distanz

Mit zunehmender Sensibilisierung des Pferdes auf die Körpersprache des Ausbilders kann dieser aus immer größerer Entfernung mit dem Pferd arbeiten. Besonders bei angsterzeugenden Situationen (siehe Kapitel Fluchtverhalten) ist die Arbeit auf Distanz erfolgreicher als ein nahes Herangehen, ein physisches Bedrängen des Pferdes. Für Wanderreiter wird diese Arbeit zur Bewältigung schwieriger Geländeabschnitte besonders hilfreich sein. Ein fortgeschrittenes Einsatzfeld ist die Freiheitsdressur. Prinzipiell ist aber auch das normale Longieren Arbeiten auf Distanz.

Um das Arbeiten auf Distanz zu trainieren, kann man folgende Übung durchführen: Man schickt das Pferd im Bogen um sich herum, ohne sich selbst dabei von der Stelle zu rühren.

Das Pferd im Bogen um sich herumschicken

Dazu stellt man sich frontal vor das Pferd. Nun schickt man es mit der Wellenbewegung des Seiles bzw. der Longe rückwärts weg. Soll es im Bogen nach rechts laufen, so streckt man nun

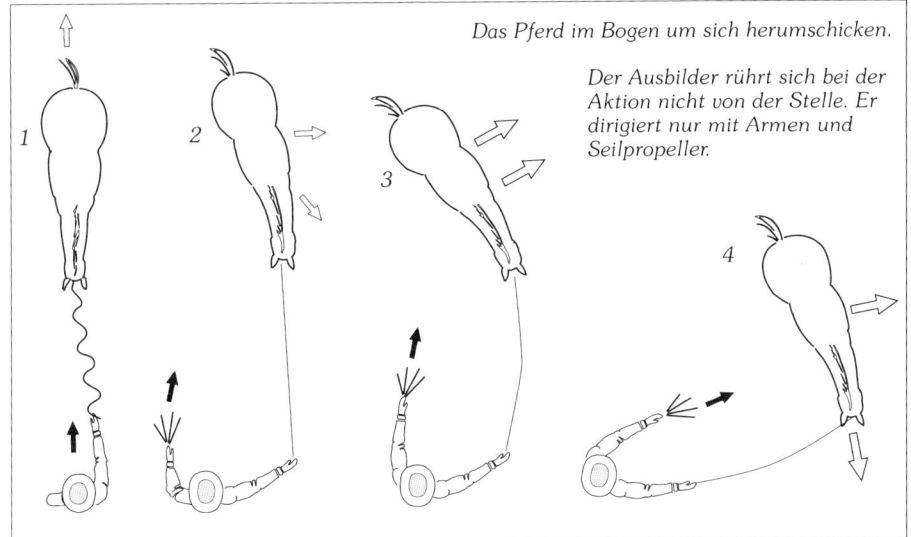

Das Pferd im Bogen um sich herumschicken.

Der Ausbilder rührt sich bei der Aktion nicht von der Stelle. Er dirigiert nur mit Armen und Seilpropeller.

den rechten Arm mit dem Seil nach rechts zur Seite. Es entsteht ein seitlicher Zug auf den Pferdekopf. Das Pferd hat gelernt, dem Zug nachzugeben – es wird den Hals und die Schulter nach rechts drehen. Jetzt kann man mit der linken Hand das Seil bzw. Longenende in Richtung der rechten Schulter des Pferdes kreisen lassen oder mit einer Gerte in diese Richtung zeigen. Die Schulter weicht nach links aus. Jetzt zeigt uns das Pferd seine »Breitseite«. Man zeigt nun mit Seilende bzw. Gerte auf seine Mittelhand und übt mit der rechten Hand weiter Zug auf das Seil aus – das Pferd setzt sich nun in einem Rechtsbogen in Bewegung (siehe Abbildung).

Soll es anschließend einen Linksbogen beschreiben, so wechsle man die Hand, die das lose Seilende hält. Der linke Arm des Ausbilders schwingt nun nach links und zeigt dem Pferd den Weg nach links. Die rechte Hand schwingt den Seilpropeller wieder Richtung Schulter und Mittelhand des Pferdes.

Gymnastizierung und Gehorsam an der Longe

Aufbauend auf das Dominanztraining, kann die grundlegende Gymnastizierung des jungen Pferdes an der Longe weitgehend ohne Hilfsmittel (= Hilfszügel) betrieben werden. Eine Peitsche oder Gerte ist jedoch oft hilfreich, um das Pferd immer direkt erreichen zu können.

Das Pferd fühlt sich bei dieser Art der Arbeit nicht eingezwängt – es kann seine natürlichen Bewegungen frei entfalten. Dies ist ein entscheidender Vorteil zur herkömmlichen Art der Longenarbeit, die oft Spannungen hervorruft. Oft verschwinden zwar diese Spannungen mit der Zeit, jedoch geht trotzdem manchmal ein Teil der natürlichen Eleganz der Pferde verloren.

Longiert man nun ein Pferd mit der natürlichen Methode, so muß man genauso wie bei der klassischen Methode darauf achten, daß es den Rücken nicht wegdrückt, sich biegt, gut untertritt und so weiter. Der entscheidende Vorteil

71

Das Pferd ist unaufmerksam, desinteressiert, wie die Außenstellung zeigt.

Das Pferd achtet auf den Ausbilder in der Mitte. Es schaut ihn an.

des Longierens ohne Hilfszügel ist, daß der Ausbilder sehr viel schneller sieht, ob das Pferd wirklich spannungsfrei geht. Weil er es nicht mit Ausbindern oder Schlaufzügeln in eine Form preßt, kann er Steifheiten viel leichter beurteilen. Dem »Sterngucker« wird nicht der Kopf auf die Brust gezogen – er schaut so lange in die Luft und nach außen, bis der Ausbilder seine Aufmerksamkeit erlangt. Darin liegt nun der Ansatzpunkt, wie man Pferde ohne Hilfsmittel biegen und zum Abstrecken bewegen kann: Man muß ihre ungeteilte Aufmerksamkeit haben. Hat man die, so schauen sie von allein in die Zirkelmitte, warten darauf, was denn der Mensch da drinnen von ihnen will. Damit hat man zumindest die richtige Stellung des Pferdes erreicht. Die Biegung folgt dann fast automatisch. Man verstärkt sie, indem man das Pferd abwechselnd kleinere Zirkel (bis zur Volte) und wieder größere Zirkel gehen läßt und es – besonders während der kleinen Zirkel – ein wenig, nicht zu forciert, von hinten mit Gerte, Peitsche oder Seilpropeller treibt. Schnell kann man beobachten, daß sich das Pferd abwärts streckt, wenn es wieder auf den größeren Zirkel geschickt wird: Es entspannt sich von

selbst nach der »spannenden« Arbeit auf dem kleineren Zirkel. Das ist der Effekt, den wir bei der Arbeit ohne Hilfsmittel haben wollen: eine aus dem Pferd selbst kommende Einsicht, daß das Abstrecken bequem ist. Der Lerneffekt für das Pferd ist dabei sehr viel größer als alles, was es unter dem Zwang von Ausbindern oder anderen Hilfszügeln gelernt haben kann.

Pferde, die es vorziehen, bei der Zirkelarbeit stur nach außen zu schauen, respektieren den Ausbilder oft noch nicht vollständig. Sie sollte man durch das Dominanztraining noch stärker auf sich fixieren. Zudem gibt man der Longe jedesmal, wenn sie den Kopf desinteressiert nach außen wenden, einen kleinen Ruck nach innen, so lange, bis sie zu uns schauen – dann läßt man sie so lange zufrieden, bis sie wieder den Kopf nach außen wenden. Wenn sie dabei nach innen abdrehen wollen, so nimmt man eine Peitsche zur Hilfe und zeigt damit auf die Schulter oder den vorderen Teil des Halses. Damit treibt man das Pferd wieder heraus auf die Zirkellinie. Das wiederholt man, bis das Pferd dauerhaft nach innen schaut. Es kann unter Umständen ein langes Geduldsspiel sein, bis man die gewünschte dauerhafte Reaktion vom Pferd erhält. Es lohnt sich jedoch, da es ein weiterer Schritt in Richtung freiwilliger Gehorsam des Pferdes ist. Jeder kleine Teilerfolg sollte dabei ausgiebig mit beruhigender Stimme gelobt werden.

Aufmerksamkeit und Gehorsam als Grundstein der Arbeit

Mit dem Halfter hat man wenig Möglichkeiten, ein Pferd in irgendeiner Form »festzuhalten«, wenn es nicht will. Sollte man – wenn man nicht im Round-Pen arbeiten kann – Probleme bekommen mit einem Pferd, welches versucht, sich der Zirkelarbeit durch Ausbrechen aus dem Zirkel zu entziehen, so hat man aber immer die Möglichkeit, das Pferd durch einen Schritt Richtung Hinterhand anzuhalten. Das Pferd hat im vorhergehenden Training gelernt, mit der Hinterhand auszuweichen. Zielt man mit den Füßen Richtung Hinterhand, wird diese nach außen wegtreten – das Pferd schaut einen an und bleibt stehen. Ein ergänzend gesagtes Ho oder Halt kann diese Geste unterstützen. Die Stimmhilfe muß aber nicht unbedingt sein, wenn das Pferd gut auf die Körpersignale des Ausbilders reagiert. Man muß nur früh genug den Ansatz zum Ungehorsam erkennen. Hat das Pferd erst einmal den Hals aus der Schulter heraus festgemacht, schaut nach außen und hat seine Aufmerksamkeit vom Ausbilder abgezogen, so ist kaum noch etwas dagegen auszurichten; denn dann sieht es ja die Körpersignale des Ausbilders nicht mehr.

Gymnastizierend an der Longe wirken Tempo- und Gangartenwechsel, die durch verbale Kommandos eingeleitet werden können. Sie sind ohne Hilfszügel genauso auszuführen wie mit.

Grundlagen der Longenarbeit sind, daß man das Pferd immer anhalten kann, daß es Volten und kleine Zirkel ohne Widerstand geht, sowie das Antreten aus dem Halten auf Kommando im Schritt und Trab. Diese Lektionen, so einfach sie auch scheinen mögen, fördern vor allem die Aufmerksamkeit und den Gehorsam des Pferdes und setzen den Grundstein für widerstandsfreie

Anhalten an der Longe:
ein Schritt Richtung Hinterhand.
Das Pferd setzt die Hinterbeine bremsend ein…
…und weicht mit der Hinterhand nach außen.

Arbeit an der Longe bei schwierigeren Lektionen.

Schrittarbeit

Lucien Gruss, ein bekannter französischer Ausbilder von Zirkus- und Showpferden, sieht in diesen grundlegenden Lektionen, vor allem in der Schrittarbeit, den wichtigsten Teil seiner Arbeit. Denn nur ein von Grund auf widerstandsfreies Pferd wird auch in schwereren Übungen noch aufmerksam mitarbeiten. Schrittarbeit ist durchaus nicht langweilig, wenn man sie richtig betreibt – nämlich im Hinblick auf das Ausschalten von Restwiderständen bei problematischen Pferden. Für den Anfänger in Sachen Bodenarbeit ist sie besonders wichtig, denn das Pferd kann sich im Schritt nicht so schnell durch eine »Blitzaktion« den geforderten Lektionen entziehen. Seine Bewegungen sind langsamer – und so auch für den noch nicht reaktionsschnellen Ausbilder früh zu erkennen und zu korrigieren. Zudem bietet der Schritt für das Pferd selbst viel weniger Ansatzpunkte zum Widerstand: Es hat im Schritt keine Gleichgewichtsprobleme. Es kann sich leichter biegen. Es kann ohne Probleme anhalten.

Wenn das Pferd in der Schrittarbeit ungehorsam ist, so kann man davon ausgehen, daß es in jeder anderen Gangart doppelt so viele Schwierigkeiten macht. Also bringt man sinnvollerweise zuerst die Arbeit im Schritt in Ordnung.

Viele klassische Lehrbücher verbieten es, das Pferd beim Longieren zu sich hereinzuholen, weil es dabei angeblich lernt, auch unaufgefordert in die Mitte zu kommen. Da das Pferd jedoch im Dominanztraining gelernt hat, sich hereinholen, aber auch problemlos wieder wegschicken zu lassen, so kann man

dies auch ohne weiteres an der Longe anwenden. Der Ausbilder kann dabei seelenruhig auf der Stelle stehenbleiben.

Man kann das Pferd für einen Richtungswechsel (siehe auch Arbeit im Round-Pen) hereinholen oder auch, um es zu belohnen. Das Pferd muß jedoch ganz genau wissen, wann es hereinkommen darf und wann nicht. Der Ausbilder muß seine Körpersprache und evtl. seine Peitschenhilfe so einsetzen können, daß das Pferd sehr genau

Einfacher Richtungswechsel an der Longe: Pferd anhalten, hereinholen...
an sich vorbeilaufen lassen...
und in die entgegengesetzte Richtung wieder wegschicken.

den Unterschied begreift, wann es auf der Zirkellinie stehenbleiben und abwarten und wann es hereinkommen soll. Ein leichter Schnick mit der Peitschenschnur Richtung Schulter oder Kopf des Pferdes, wenn es unaufgefordert nach innen in die Mitte des Zirkels abdreht, oder ein Ausfallschritt Richtung Schulter werden es schnell von seiner Absicht abbringen. Manchmal reicht schon das Anheben des Armes in Richtung der Schulter.

Man sollte das Pferd dahingehend erziehen, daß es nur nach innen kommt, wenn es der Ausbilder durch ein paar Schritte, die er selbst rückwärts geht, dazu auffordert (siehe auch Weiterführende Arbeit).

Zirkel verkleinern

Will man eine Verkleinerung des Zirkeldurchmessers erreichen, leitet man eine Volte ein, indem man *langsam* auf die Hinterhand des Pferdes zugeht (beim Stoppen des Pferdes wäre es ein schneller, abrupter Schritt auf die Hinterhand zu) und die Longe dabei verkürzt. Die Hinterhand weicht dabei leicht nach außen aus. Das Pferd kommt dadurch mit der Vorhand von allein herein. Ein Widerstand in der Schulter, welchen viele Pferde der unangenehmen Biegung entgegensetzen, taucht dabei erst einmal nicht auf. Mit ein paar Schritten hat man eine beachtliche Verkleinerung des Zirkeldurchmessers erreicht, ohne daß man das Pferd hereinzerren mußte.

Der »richtige« Galopp

Besonders junge Pferde und solche, die auf einer Seite deutliche Steifheiten zeigen, neigen dazu, an der Longe im Außengalopp oder im Kreuzgalopp anzuspringen. Abgesehen davon, daß das falsche Anspringen sofort durch Zurücknehmen in den Schritt oder Trab und neues Anspringenlassen korrigiert werden muß, sollte man die Möglichkeit nutzen, dem Pferd das Angaloppieren im Außengalopp von vornherein zu erschweren.

Man stellt das Pferd vor dem Angaloppieren durch ein Annehmen der Longe etwas stärker nach innen und läßt es in dem Moment vorne los, in dem man das Kommando zum Angaloppieren gibt. In diesem Moment kann das Pferd durch das Loslassen Hals und Kopf etwas nach außen stellen, bekommt damit die Schulter frei und kann mit dem inneren Vorderbein vorspringen. Es ist die Methode, mit der die Westernreiter ihre jungen Pferde angaloppieren – mit leichter Außenstellung.

Sinnvoll ist es auch, das Pferd möglichst aus dem Schritt angaloppieren zu lassen. Es kann dann nicht in den Galopp hineinrennen, wird also nicht gleich so schnell, daß es auf der Kreisbahn des Zirkels Probleme mit der Balance bekommt.

Will man bei Korrekturpferden mit Ausbindern arbeiten (siehe auch Weiterführende Arbeit), so schnalle man den inneren Ausbinder höher (nicht kürzer), um dem Pferd das richtige Angaloppieren zu erleichtern. Auch damit bekommt es die Schulter frei.

Tempo verstärken
Tempo zurücknehmen

Um das Tempo in einer beliebigen Gangart zu verstärken, zielt man mit der Longenpeitsche direkt hinter die Hinterhand des Pferdes. (Die Zielrichtung auf die Hinterhand würde die Hinterhand heraustreiben.)

Bei der Verstärkung des Tempos soll das Pferd jedoch nicht aus dem Takt geraten, d.h. anfangen, zu zappeln und seine Hufe in schnellerer Folge aufzusetzen. Es soll vielmehr den Raumgriff verstärken – also die Länge der Tritte bei gleichem Takt vergrößern. Man darf also das Pferd für eine Tempoverstärkung nicht mit zu starken Peitschenhilfen »jagen«. Ist das Pferd durch das Dominanztraining sensibel auf die Hilfen gemacht worden, so sollte dies auch nicht nötig sein. Vielmehr wird oft schon ein Aufmuntern mit der Stimme reichen. Reagiert das Pferd schlecht auf die Aufforderung zum Verstärken des Tempos, so kann man zur Korrektur den Zirkel verkleinern, es damit etwas versammeln und schließlich wieder hinausschicken. Nach der Versammlung ist es froh, wenn es sich wieder etwas in freierer Bewegung entspannen kann, und wird von sich aus etwas zulegen.

Um das Tempo zurückzunehmen, macht man einen Schritt, der auf den Platz vor dem Kopf des Pferdes zielt. Die Bewegung muß jedoch wohldosiert und langsam sein. Tritt man dem Pferd dabei völlig in den Weg, so verlangsamt man es nicht, sondern hält es an. (Dieses Anhalten von vorne brauchen wir für das Training des Roll Back (siehe Kapitel Reininglektionen).
Bei Pferden, die schon sensibel genug reagieren, verändert man seine eigene Position nur insoweit, daß man mit dem Arm, der die Longe hält, vor die Nase des Pferdes zielen kann. Hebt man dann diesen Arm, so wirkt dies bremsend auf das Pferd. Eine Verstärkung dieser Armhilfe wäre es, den Peitschenschlag vor die Nase des Pferdes zu schwingen. Dazu müßte man jedoch mit der Peitschenhand den Arm, der die Longe hält, überkreuzen. Da dies meist nur zu Verwicklungen der Peitschenschnur mit der Longe führt, wechselt man besser schnell die Longe in die Peitschenhand und umgekehrt.

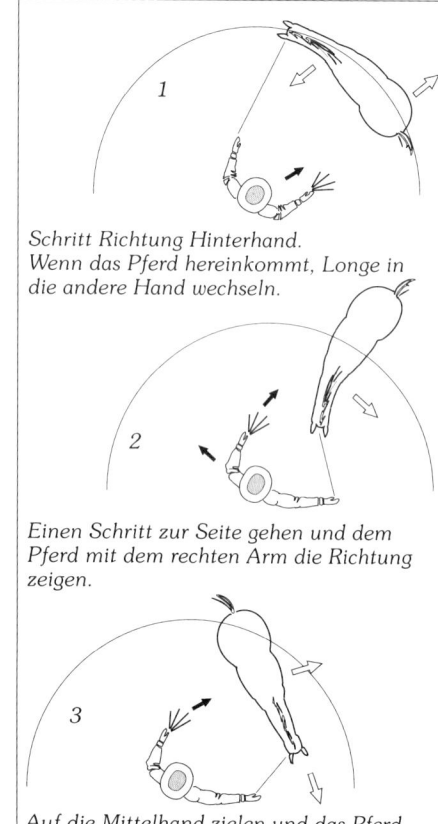

Schritt Richtung Hinterhand. Wenn das Pferd hereinkommt, Longe in die andere Hand wechseln.

Einen Schritt zur Seite gehen und dem Pferd mit dem rechten Arm die Richtung zeigen.

Auf die Mittelhand zielen und das Pferd wieder auf die Kreislinie treiben.

Einfacher Richtungswechsel – ohne Hilfsmittel leicht auszuführen.

Dazu führt man die Peitsche unter der Longe durch.

Die Arbeit im Round-Pen/ Richtungswechsel

Als Vorbereitung für die Freiheitsdressur sowie als willkommene Abwechslung vom »normalen Longieren« kann nun derjenige, der Lust auf mehr Bodenarbeit und auf noch feinere Abstimmung des Pferdes auf seine Körpersignale bekommen hat, im Round-Pen oder roundpenähnlichen Hilfskonstruktionen arbeiten.

Als Hilfsmittel genügen wieder das Halfter und anfangs die schwere, runde Longe. Wichtig ist, daß der Ausbilder in der Zeit, in der er keine Reaktion vom Pferd erwartet, völlig still in der Mitte steht und sich nur dann bewegt, wenn er dem Pferd einen Befehl geben will – und auch dann nur minimal. Auch hier gilt: soviel wie nötig, sowenig wie möglich. Das weitverbreitete »Mitlaufen« des Longierenden z.B. in einem kleinen inneren Kreis ist zu vermeiden, da jede Bewegung des Ausbilders für das Pferd ein Signal ist und sein soll. Mit zuviel unnötiger, sinnloser Bewegung stumpft man das Pferd ab. Es wird auf die »wichtigen« Bewegungen dann nicht mehr gut genug reagieren. Vergleichbar ist dies mit dem Abstumpfen des gerittenen Pferdes auf z.B. einen dauernd klopfenden Reiterschenkel.

Man beginnt damit, das Pferd im Schritt und Trab zu longieren.

Dazu schickt man es erst einmal aus der Mitte im Bogen von sich weg. Der führende Arm zeigt dem Pferd die Richtung, die andere Hand kann das freie Longenende propellern lassen, um dem Befehl Nachdruck zu verleihen.

Das Pferd trabt nun beispielsweise rechts herum im Round-Pen. Will der Ausbilder es anhalten, so macht er einen Schritt schräg nach links auf die Hinterhand des Pferdes zu. Hat das Pferd die Vorübung des Hinterhandweichens gut verinnerlicht, so wird es auch auf die weitere Distanz mit der Hinterhand nach außen weichen und in der Folge den Ausbilder anschauen (siehe Abb.). Nun kann er die Richtung wechseln: Er ruft das Pferd ein Stück zu sich herein, indem er Zug mit der Longe ausübt. Sinnvoll im Hinblick auf eine vielleicht angestrebte spätere Arbeit ohne Longe, weil noch deutlicher für

das Pferd, ist es, wenn er dabei ein paar Schritte zurückgeht. Arbeitet er statt mit dem Seilende mit Peitsche oder Gerte, so müssen diese nach hinten zeigen, wenn er das Pferd hereinruft. Er klemmt sie am besten unter den Arm. Nun wechselt er die Longenhand und zeigt dem Pferd mit dem ausgestreckten linken Arm die neue Richtung, übt evtl. einen leichten Zug in diese Richtung aus. In dem Moment, in dem das Pferd sich leicht in die angegebene

Arbeit im Round-Pen:
Das Pferd hereinholen... (1 + 2)
...und wieder wegschicken (3).

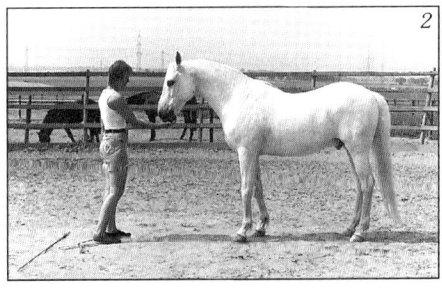

77

Richtung dreht, kann er mit der rechten Hand das freie Longenende kreisen lassen und damit auf die linke Schulter des Pferdes zielen. Es wird dann im Linksbogen um den Ausbilder herumlaufen. Mit dem kreisenden Longenende (bzw. mit der Peitsche) zielt nun der Ausbilder auf die Mitte des Pferdes, damit es sich noch weiter von ihm nach außen entfernt. Das Pferd hat jetzt die Richtung gewechselt. Mit zunehmender Routine und Übung kann dies im Trab und schließlich auch im Galopp in einer einzigen flüssigen Bewegung geschehen. Man kann mit dem Richtungswechsel sogar die fliegenden Galoppwechsel an der Hand trainieren.

Um diesen Richtungswechsel flüssiger zu machen, holt der Longierende das Pferd später nicht mehr direkt zu sich heran, nachdem die Hinterhand ausgewichen ist, sondern tritt etwas aus der Zirkelmitte zur Seite und läßt das Pferd mit ausgestrecktem Arm seitlich an sich vorbeilaufen. Damit bekommt er schnelleren und besseren Zugriff auf die Vorhand des Pferdes, die ja bei Richtungswechsel in die neue Richtung nach außen getrieben wird.

Hat man das Gefühl, das Pferd reagiert auf die eigenen Körpersignale sicher und willig, so sollte das relativ bald bei richtigem Einsatz des eigenen Körpers auch ohne Longe funktionieren, und der Grundstein für die Freiheitsdressur ist gelegt.

Probleme beseitigen

Grobe Fehler im Bewegungsablauf zu erkennen fällt meistens auch den »Untrainierten« leicht. Bei den Feinheiten – z.B. Verspannungen in bestimmten Teilen des Rückens oder Halses – wird es schon schwerer. Zudem kommt erschwerend hinzu, daß sich manche Störungen weit entfernt von den Ursachen auswirken. Nachstehend möchte ich einige häufige »Brüche« im Bewegungsablauf darstellen sowie die möglichen Ursachen anreißen.

1. Die Hinterhand schleift nach – die Hinterhufe schlurfen im Sand – keine Elastizität in den Sprunggelenken:

Der Bruch in der Bewegung liegt meist irgendwo im Rücken. Die Vorhand wirkt noch recht schwungvoll, die Hinterhand dagegen matt. Dort, wo das normalerweise schwingende Auf und Ab des Rückens unterbrochen ist, befindet sich meist ein schmerzhafter Punkt. Tastet man den Rücken mit etwas Druck ab, wird das Pferd an dieser Stelle meist zucken oder den Rücken nach unten wegdrücken.

Es ist jedoch auch möglich, daß die Sprunggelenke selbst aufgrund einer Erkrankung oder durch einen Trainingsfehler bzw. zuwenig Training unelastisch sind. Man sieht dies, wenn man versucht, das Pferd vermehrt zu biegen: Es tritt nicht vermehrt mit dem inneren Hinterbein unter (mindestens in die Spur des Vorderbeines), sondern setzt es weit hinten auf oder schleudert mit der Hinterhand nach außen.

2. Das Pferd drückt den Unterhals heraus. Es hält den Kopf hoch, oft sogar leicht schief:

Das Problem liegt normalerweise im Rücken und/oder in der Schulter. Schwingt der Rücken trotz leicht herausgedrücktem Unterhals frei, so liegt die Störung hauptsächlich in der Schulter, die vielleicht etwas steil und damit nicht optimal beweglich ist. Auch Schwierigkeit im Bereich der Ganaschen können ein Hochrecken des Halses verursachen. Natürlich kann es sich beim »Sterngucker« auch einfach um ein nervöses Pferd handeln, welches sich in dauernder Alarmbereitschaft befindet und deswegen den Kopf so hoch trägt.

3. Das Pferd zeigt Takt-
unreinheiten in der Bewegung:
Diese können durch Störungen im Rücken, in der Hüfte, in der Schulter sowie durch Schmerzen in jedem Gelenk der Gliedmaßen entstehn. Es ist jedoch auch möglich, daß das Pferd so stumpf und gleichgültig ist, daß es taktunrein vor sich hinstolpert oder so hektisch, daß es übereilt geht.
Zeigen sich die Taktfehler nur in einer bestimmten Gangart, so läßt dies auf Koordinationsprobleme in dieser Gangart schließen. Sie können durch langsame und vorsichtige Steigerung der Anforderung in dieser Gangart gebessert werden. Es ist nicht ungewöhnlich, daß ein Pferd exterieurbedingt Koordinations-Schwächen in einer bestimmten Gangart aufweist. Schwerere Ponys

Ein aufmerksames Pferd (Konzentration auf die Rückwärtsbewegung).

und Kleinpferde haben z.B. oft Schwierigkeiten mit dem Galopp.
Läuft sich das Pferd während der Bewegung ein, so kann dies auf eine krankhafte oder altersbedingte Erkrankung des Bewegungsapparates hindeuten (z.B. Arthrose). Es kann jedoch auch einfach Muskelkater haben; dann jedoch müßte das Symptom nach ein paar Tagen verschwinden.

4. Das Pferd schaut deutlich nach
außen – es will sich nicht biegen:
Dies kann sowohl durch körperliche Steifheiten in Schulter, Hals oder Rücken verursacht sein als auch ein totales Desinteresse des Pferdes an der Person des Ausbilders ausdrücken – es schaut demonstrativ in die andere Richtung – es interessiert sich nicht für den, der da in der Mitte steht, will sich nicht mit ihm auseinandersetzen.

5. Die Vorhand wirkt steifer als
die Hinterhand:
Dies wird häufig durch eine steife Schulter verursacht. Die Steifheit der Schulter kann wiederum mehrere Ursachen haben: Sie kann durch einen Ausbildungsfehler entstanden sein – wenn das Pferd z.B. nie richtig gearbeitet und nur geradeaus im Gelände geritten worden ist. Oder sie ist von Natur aus steil und wenig beweglich. Das führt dazu, daß das Pferd zwar von hinten federnd untertreten kann, jedoch mit der Vorhand den Raumgriff der Hinterhand nicht mehr auffangen kann. Je mehr das Pferd aufgerichtet werden kann, um so freier wird jedoch eine steile Schulter.
Dritte Ursache ist wieder eine mögliche Erkrankung. Diese Ursache kann angenommen werden, wenn eine Verschlechterung im vormals guten Bewegungsablauf auftritt.

6. Das Pferd schnickt mit dem Kopf, schlägt mit dem Schweif, schüttelt unwillig den Kopf oder stampft mit einem Fuß auf:

Das Pferd ist deutlich unzufrieden. Die Unzufriedenheit kann ihren Ursprung in falscher Behandlung durch den Ausbilder haben. Sie kann auch durch einen nicht ganz ausgefochtenen Machtkampf zwischen Pferd und Ausbilder hervorgerufen worden sein. Beides ist sicherlich oft dann der Fall, wenn sie beständig und nur bei der Arbeit auftritt. Beobachtet man das Pferd jedoch auf dem Auslauf oder beim Fressen und es gebärdet sich ähnlich unzufrieden wie bei der Arbeit, so ist der Grund woanders zu suchen. Unwohlsein kann durch viele Faktoren ausgelöst werden. So können Pferde, ebenso wie wir Menschen, wetterfühlig sein, Kopfschmerzen haben oder sich eben einfach oft nicht so recht wohl fühlen und dies deutlich zeigen. Dauernde Unzufriedenheit kann jedoch ihren Ursprung auch in einer schleichenden Krankheit oder in falschen Haltungsbedingungen haben, die dem Pferd nicht ermöglichen, seine natürlichen Bedürfnisse zu befriedigen.

7. Das Pferd rollt bei bestimmten Bewegungen die Augen, legt die Ohren an oder öffnet das Maul und bleckt die Zähne:

Ohrenanlegen und Zähneblecken hat in diesem Fall nichts mit Aggressivität gegen den Ausbilder zu tun. Es sind dies vielmehr deutliche Zeichen von Schmerz oder Unwohlsein. Der aggressive Ausdruck des Pferdes richtet sich gegen den Schmerz im eigenen Körper. Die Bewegung, bei der das Symptom auftritt, sollte analysiert werden. Vielleicht ist er mit einer alten Verletzung in Verbindung zu bringen. Es ist jedoch auch möglich, daß das Pferd vor bestimmten Bewegungen Angst hat, weil es z.B. dabei immer durch einen schlecht sitzenden Reiter gestört wurde. Ein empfindliches Pferd kann sich durchaus vor dem Angaloppieren fürchten, wenn es damit rechnen muß, daß ihm sofort ein Mehlsack in den Rücken plumpst. Vor Angst verspannt es sich. Und diese Verspannung verursacht einen realen Schmerz.

8. Das Pferd keilt aus:

Oft wird dieses Symptom auf die gleiche Weise verursacht wie die Symptome aus Punkt 7. Eine stärkere Pferdepersönlichkeit begnügt sich nicht mit einem schmerzhaften Gesichtsausdruck, sondern versucht, den Schmerz durch Auskeilen loszuwerden.

Es ist nicht zu vergleichen mit dem befreienden Buckeln des Pferdes, wenn dieses einfach zuviel Kraft hat. Beim Buckeln ist die Bewegung des Pferdes kraftgeladen, explosiv, flüssig und ohne »Brüche«. Keilt es als Ausdruck des Schmerzes, so wirkt die Bewegung abgehackt. Zusätzliches Unterscheidungsmerkmal zwischen »gesundem« Buckeln und »krankhafter« Verspannung ist immer der in 7 beschriebene Gesichtsausdruck des Pferdes.

9. Das Pferd stolpert dauernd:

Ursache kann sowohl ein Temperamentsfehler (Phlegma) sein als auch eine Steifheit in oder ein Schaden an den Vorderbeinen oder der Schulter. Gibt sich das Phänomen bei forcierter Bewegung, so handelt es sich um ersteres und ist durch »Aufwecken« des Pferdes schnell korrigierbar.

10. Das Pferd reißt Hals und Kopf ruckartig hoch:

Zeichen von Erschrecken oder Angst, aber auch unter Umständen von Widersetzlichkeit gegen den Ausbilder: Manche Pferde sind gute Schauspieler und tarnen ihre Widersetzlichkeiten mit dem Verhaltensmuster des Erschreckens und Aufregens bzw. dem Versuch des Weglaufens.

11. Die Hinterhand wirkt im Kruppenbereich wacklig:

Dies kann eine Überbeanspruchung der Hinterhand anzeigen, wenn das Problem kurzfristig auftritt. Möglich ist jedoch auch eine grundsätzliche, angeborene Koordinationsschwierigkeit des Pferdes. Dies trifft besonders dann zu, wenn das Pferd immer in ähnlicher Form mit den Hinterbeinen schwankt. Im ersten Fall kann man einfach Abhilfe schaffen: Man schraubt die Anforderungen zurück. Im zweiten Fall ist durch lange, behutsame Arbeit eine Besserung zu erzielen.

12. Die Vorhand wirkt wacklig (lose Schulter):

Das Pferd ist in der Schulter nicht gefestigt und tritt nicht mit der Hinterhand unter seinen Schwerpunkt. Es läßt sich einfach auf die Vorderbeine fallen – die Vorhand ist dabei überlastet. Dies Phänomen tritt oft in Verbindung mit ei-

nem tief angesetzten, langen Hals auf, den das Pferd zusätzlich hängen läßt. Besonders der Trab wirkt dabei unkoordiniert und nicht taktrein. Durch vermehrtes Aufrichten des Pferdes kann die Schulter entlastet und die Bewegung gefestigt werden.

13. Das Pferd zeigt keine Rückenbewegung trotz taktreinem Gang:

Das Pferd hält den Rücken völlig fest – es kann keinen Schwung entwickeln und läuft völlig flach und ausdruckslos. Dieses Problem wird oft durch Reiten mit zuviel Zügeleinwirkung verursacht. Auch permanente Angst kann dieses Festhalten des Rückens bewirken. Meist ist dabei keine Biegung möglich; das Pferd läuft wie ein Brett durch die Ecken bzw. auf dem Zirkel.

16. Beim Rückwärtstreten zeigen sich deutliche Widerstände:

Die Hinterhand wird nach hinten herausgestellt, die Vorhand schleift dabei mit deutlichen Spuren über den Boden. Oder das Pferd drückt den Unterhals heraus und nimmt den Kopf hoch und versucht seitlich auszuweichen. Es handelt sich dabei um Steifheiten im

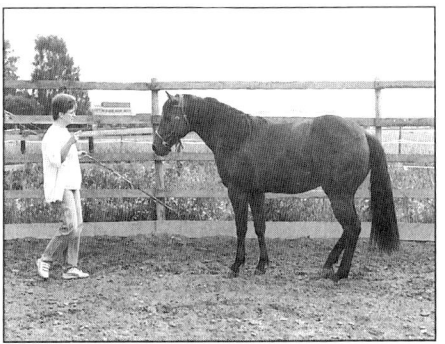

Vor dem Rückwärtsrichten im Round-Pen: Das Pferd wartet auf ein Kommando.

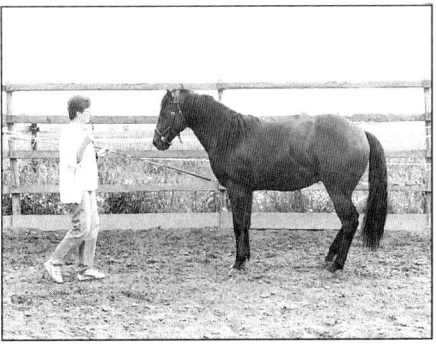

Rückwärtsrichten: Das Pferd zeigt einen Widerstand in Hals und Schulter.

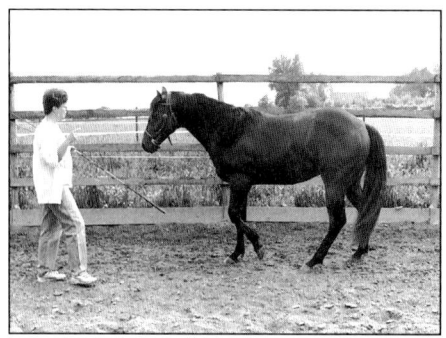

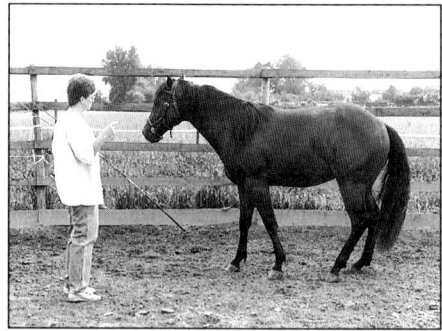

Gutes, lockeres Rückwärtsrichten. Statt der Gerte wäre auch der Seilpropeller verwendbar.

Die Gerte unterstützt hier die Körpersprache, ohne das Pferd zu berühren.

Rücken, im Schulterbereich oder im Bereich der Hüfte und der Sprunggelenke. Häufig wehrt sich das Pferd gegen das starke Untertreten beim Rückwärtsrichten.

Es kann jedoch auch eine Widersetzlichkeit im psychischen Bereich, gegen das Weichen, also den Rückzug, ausdrücken. Außerdem kann mangelndes Vertrauen in den Ausbilder eine Rolle spielen, denn das Pferd sieht hinter sich nichts – es muß dem Ausbilder vertrauen, daß der es nicht rückwärts in den Abgrund schickt.

Insgesamt sollte man gerade dem freien Rückwärtsgehen viel Bedeutung beimessen; denn es ist ein Gradmesser für die Durchlässigkeit und den Gehorsam des Pferdes – vorhandene Steifheiten und Widerstände sowohl im körperlichen als auch im psychischen Bereich sind hier am besten sichtbar.

Probleme sind Symptome

Probleme, die sich beim Umgang mit dem Pferd ergeben, sind also Symptome, wie aus den obigen Beschreibungen hervorgehen sollte: für eine körperliche oder psychische Krankheit oder Schwierigkeit des Pferdes, für eine Störung der Beziehung Mensch–Pferd oder auch für eine grundsätzlich falsche

Verhaltensweise bzw. Einstellung dessen, der mit dem Pferd umgeht. Wie bei einem Krankheitssymptom kann es nicht sinnvoll sein, das Symptom an sich – z.B. mit Zwangsmitteln – zu bekämpfen, wenn die zugrunde liegende »Krankheit«, die Ursache des Symptoms, nicht erkannt ist.

Es geht vielmehr darum, herauszufinden, wie die grundlegende »Krankheit« heißt, was den Kern des Problems darstellt.

Als Beispiel sei nur der recht häufige Fall des mit Hilfsmitteln zusammengeschnürten Pferdes genannt. Es lernt nie, sich frei zu tragen, weil es immer die Möglichkeit bekommt, sich irgendwo im Hilfszügel und später in der Hand des Reiters abzustützen.

Symptom: Das Pferd ist nicht ausbalanciert und wirkt steif, drückt beim Longieren ohne Hilfszügel den Unterhals heraus und den Rücken weg etc.

Ursache: die falsche Anwendung des Hilfszügels.

Das Symptom wird jedoch meist wiederum mit Hilfszügeln bekämpft, weil die Ursache nicht erkannt wurde und weil eine bestimmte äußere Form, die unbedingt sofort erreicht werden soll, als falsches Idealbild in den Köpfen vieler Reiter herumspukt.

Ergebnis: eine Verschlimmerung des Problems durch ein Herumdoktern am Symptom statt an der Ursache.

Abhilfe würde ein wenig Geduld schaffen, um die Aufmerksamkeit des Pferdes ohne Hilfszügel, aber mit differenzierter Körpersprache zu erlangen und ihm somit die Möglichkeit zu geben, selbst zu erkennen, daß man sich abstrecken kann und daß dieses Abstrecken viel bequemer ist als die gespannte Haltung, die einzunehmen es gelernt hat.

Ursachenforschung

Wie kann man nun Ursachenforschung betreiben?

Man kann die Ursache

1. meist durch Beobachtung des Pferdeverhaltens feststellen:

– Taucht das Problem nur bei bestimmten Bedingungen (z.B. Bodenbeschaffenheit, Wetter)
– nur bei spezifischer (vielleicht zu hoher oder falscher) Belastung
– nur bei bestimmten Personen, die mit dem Pferd umgehen (Antipathie oder falsches, ungeschicktes Verhalten der betreffenden Person)
– nur in speziellen, wiederkehrenden Situationen (nur in der Bahn, nur auf Turnieren, nur im Gelände etc.) auf?
– Fühlt sich das Pferd wohl, oder ist es unzufrieden?
– Hat es Angst oder ist es nur aufsässig?
– Hat es Interesse an der Arbeit und dem Ausbilder, oder ist es mehr an seiner Umgebung und anderen Pferden interessiert?

2. im Exterieur des Pferdes suchen:

– Hat es spezielle gebäudebedingte Schwierigkeiten:

– einen zu kurzen Hals, zu dicke Ganaschen, einen schwachen Rücken, eine überbaute Hinterhand etc.
– Verspannt sich das Pferd? Wenn ja, welche Körperteile zuerst?
– Ist die Muskulatur an einigen Körperteilen unterentwickelt?
– Sieht oder hört es nicht gut?

3. in der Vergangenheit des Pferdes suchen:

– Resultiert das Problem aus einem alten psychischen oder körperlichen Schaden des Pferdes oder aus einem alten Schockerlebnis?
– Macht eine alte Verletzung bestimmte Bewegungen schmerzhaft? (Die Vergangenheit ist leider nicht immer rekonstruierbar, weil nicht alle Vorbesitzer des Pferdes bekannt sind. Jedoch kann eine Nachforschung bei Problempferden nichts schaden. Macht doch z.B die Erkenntnis, daß ein beständiges Scheuen vor Traktoren aus einem zurückliegenden Unfall mit einem Traktor resultiert, das Verhalten des Pferdes verständlich und damit auch für den Ausbilder leichter nachsehbar.)

4. im eigenen Verhalten suchen:

– Habe ich das Pferd überfordert, unterfordert, gelangweilt?
– Ist die Rangfolge geklärt – habe ich die volle Aufmerksamkeit des Pferdes?
– Sind meine Befehle und Signale eindeutig?
– Störe oder ärgere ich das Pferd unbewußt in irgendeiner Form?
– Bin ich nervös und gereizt – kann mich das Pferd so ärgern, daß es mir die gute Laune verdirbt?
– Versteife ich mich in einem oder mehreren Körperteilen (wie schon

erwähnt, ist dies ja auch für die Bodenarbeit von erheblicher Bedeutung).

Anhand dieser »Checkliste« kann man die Probleme analysieren.
Wichtig sind vor allem die Punkte 1 und 4. Sie setzen jedoch voraus, daß der Mensch sehen gelernt hat (siehe entspr. Kap.) und sich selbst beurteilen kann oder zumindest bereit ist, sich seine Fehler von anderen bewußt machen zu lassen.

Ein Wort zu unseren Fehlern
Eingeschoben sei an dieser Stelle ein Wort zu Fehlern, die jeder Ausbilder/ Reiter – und sei er noch so gut – macht, weil er eben nicht jede Situation und jedes Pferd immer richtig einschätzen kann. Solche Fehler sollten nicht verschämt unter den Tisch gekehrt werden, weil dadurch vielleicht der eigene Status leiden könnte. Sind die Fehler erst einmal erkannt, sollten sie vielmehr bewußt in die eigene »Leitbilddatei« integriert werden, um sie in Zukunft in ähnlichen Situationen zu vermeiden. Es gilt hier wie überall der trivial klingende Satz: »Aus Fehlern wird man klug.« Wer keine Fehler macht, lernt auch nicht, besser mit Pferden umzugehen: Unter Umständen sollte der Ausbilder sein Verhältnis zu seinen eigenen Fehlern in Richtung dieser Betrachtungen überprüfen.
Hat man ein entspanntes Verhältnis zu seinen Fehlern (auch eine Form von Selbstsicherheit und damit Autorität), so hat man auch weniger Schwierigkeiten, eine Ursache von Problemen mit dem Pferd im eigenen Verhalten zu suchen. Dort wird man sie auch in so manchem Fall finden.

Kommen wir nun zu einigen praktischen Tips im Einzelnen:

Nach einer kleinen Auseinandersetzung: Das Pferd befindet sich in »Hab-Acht-Stellung«.

Probleme und Widersetzlichkeiten aufgrund nicht geklärter Rangordnung

Ist der Mensch bei seiner Analyse des Problems ehrlich, wird er vielleicht herausgefunden haben, daß er sein Pferd inkonsequent behandelt hat und es ihn deswegen nicht respektiert. Die Rangfolge ist also nicht geklärt. Je länger ein Pferd seinem Reiter schon »auf der Nase herumgetanzt« hat, um so schwerer ist die Korrektur von Widersetzlichkeiten, die aus nicht geklärter Dominanz entstehen. Es wird unter Umständen regelrechte Machtkämpfe geben.

Dabei muß der Mensch manchmal sehr genau abschätzen können, welche Reaktionen des Pferdes er provozieren darf. Er muß wissen, mit welchen Verhaltensweisen des Pferdes er noch fertig werden kann und mit welchen zu erwartenden Reaktionen er nicht mehr umgehen kann – daß also zu befürchten ist, daß das Pferd eine solche Auseinandersetzung wieder gewinnt.

Er sollte zuallererst überlegen, ob er sich seiner Körpersprache und -beherrschung sowie seiner schnellen Reaktionen schon so sicher fühlt, daß er es mit einem Korrekturpferd aufnehmen möchte. Wenn nicht, sollte er die Grundkorrektur jemandem überlassen, der es beherrscht, und erst später unter Anleitung selbst mit dem Pferd arbeiten.

Bevor mit der Korrektur von einzelnen unerwünschten Verhaltensweisen des Pferdes begonnen wird, muß auf jeden Fall immer das Dominanztraining erfolgreich abgeschlossen sein. Hinterhand und Vorhand des Pferdes müssen voll kontrollierbar sein, und das Pferd muß den Ausbilder akzeptieren. Manchmal verschwinden dann andere unerwünschte Verhaltensweisen des Pferdes von allein. Auf jeden Fall aber ist das Pferd durch das Dominanztraining kontrollierbarer und seine Reaktionen für den Ausbilder vorhersehbarer geworden.

Eine häufige Situation:

Ein Pferd läßt sich nicht longieren: Es wechselt die Richtung, wann es ihm paßt, ignoriert den, der da in der Mitte steht, indem es beständig nach außen schaut, und rennt ihn im schlimmsten Fall einfach um, indem es in Richtung Zirkelmittelpunkt läuft, wann es ihm gefällt. Was kann man nach Abschluß der grundlegenden Übungen des Ausweichens nach hinten vorne und zur Seite tun?

Zuerst spiele man sich im Geiste die gängigen unerwünschten Verhaltensweisen des Pferdes beim Longieren durch und lege sich jeweils eine eigene Reaktion in Form eines Leitbildes zurecht: Tut das Pferd dies, so reagiere ich so und so ... Macht es jenes, so reagiere ich so...

Betonung liegt auf LeitBild, weil das Bild gegenüber den einzelnen Bewegungen und Handlungen, die zu einer adäquaten Reaktion zusammengesetzt werden müssen, schneller abrufbar ist. Man analysiere seine nötigen Einzel-Bewegungen, setze sie zu einer Gesamtbewegung zusammen (Synthese) und visualisiere sein eigenes Wunschverhalten als ein Gesamtbild.

Im Einzelnen:

Will das Pferd die Richtung unaufgefordert wechseln, so kündigt es dies an: Es wird langsamer und kommt mit der Schulter nach innen. Diesen Punkt muß man erkennen. Longiert man mit der Peitsche, wie es bei einem aufsässigen Pferd empfehlenswert ist, so zeigt man

Das Pferd wird auf Distanz rückwärts über die Brücke geschickt.

Das Pferd weicht nach oben aus – dieses Verhalten kann man zum Trick weiterentwickeln.

in dem Moment, in dem das Pferd nach innen abdrehen will, mit der Peitschenspitze auf die Schulter des Pferdes und hebt den Arm. (Das Heben und Deuten mit dem Arm sowie das Zeigen mit der Peitsche können die Bewegung des Ausbilders in Richtung des Pferdes weitgehend ersetzen, wenn das Dominanztraining abgeschlossen ist.) Reagiert das Pferd nicht, so verstärkt man diese Hilfe, indem man die Schulter des Pferdes mit der Peitschenschnur anschnickt (vorher »Peitschenzielschlag« üben!!!). Beide Maßnahmen müssen unter Umständen sehr schnell aufeinander folgen. Hat das Pferd erst vollständig abgedreht, kann man es damit nicht mehr stoppen. Man kann dann nur noch versuchen, durch einen Schritt vorwärts-seitwärts (auf keinen Fall rückwärts) wieder schräg neben die Schulter des Pferdes zu kommen, um diese wieder kontrollieren, d.h. mit Peitsche oder Seilende nach außen treiben zu können.

Diese Möglichkeit muß man auch im Geiste parat haben, um schnell genug

zu reagieren, wenn man das Pferd schon nicht mehr am Hereinkommen hindern konnte.

Nicht provozieren

Theoretisch (nach den Regeln des Dominanztrainings) könnte man auch forsch auf das Pferd zugehen, während es auf uns zukommt. Es ist dies aber ein sehr provozierender Weg, das Pferd zum Rückzug auf die Zirkellinie zu bewegen; denn er bedeutet direkte Konfrontation: Man verlangt trotz seines schon vorhandenen Ungehorsams (das unaufgeforderte Hereinkommen in den Zirkel) das demutsvolle Rückwärtsweichen. Besonders bei Hengsten kann das gefährlich werden.

Der Schritt seitwärts-vorwärts ist weniger provokativ für das Pferd, und es wird mit weniger Kampflust reagieren. Außerdem kann er auch noch ausgeführt werden, wenn das Pferd schon sehr dicht herangekommen ist. Weicht das Pferd nicht seitlich dabei aus, so läßt man es an sich vorbeilaufen, schickt es jedoch wieder auf die gleiche Hand auf den Zirkel hinaus. Man hat es damit abgelenkt – hat seine eigenen Ideen wieder in die von uns gewünschte Richtung gelenkt. Es befindet sich, ohne daß es gestraft oder provoziert worden ist, wieder dort, wo es hin soll. Nach einigen dieser Ablenkungsmanöver wird es das Vergebliche seines Tuns begreifen und auf der Zirkellinie bleiben.

Der Arm, der das Pferd wieder seitlich heraustreiben soll, ist gestreckt und vorwärts-aufwärts erhoben. Ein oder zwei Finger der Hand sollten ausgestreckt sein, um mit der Spannung im Arm der Geste Nachdruck zu verleihen.

Außenstellung

Schaut ein Pferd dauernd demonstrativ nach außen, wenn es longiert wird, so »störe« man es ständig durch einen kräftigen kurzen Ruck an der Longe nach innen. Nicht ziehen, sondern nur kurze, »stellende« Anschläge auf die Nase geben; denn es soll ja nicht nach innen kommen, sondern nur den, der da in der Mitte des Zirkels etwas von ihm will, anschauen. Will es nach innen kommen (manche Pferde haben er heraus, in Außenstellung, über die innere Schulter fallend, in den Zirkel hereinzustolpern, wenn sie in oben beschriebener Weise zum Hinschauen, zur Aufmerksamkeit, bewegt werden sollen), so verfahre man mit der Peitsche, wie weiter oben beschrieben, und treibe das Pferd wieder heraus.

Die Außenstellung des Pferdes an der Longe ohne Hilfszügel hat in den meisten Fällen wenig mit einer Steifheit zu tun als vielmehr damit, daß sich das Pferd einfach nicht mit dem Ausbilder auseinandersetzen will – es ignoriert ihn. Ohne Hilfszügel ist dieses Verhalten sehr einfach zu sehen und zu korri-

gieren. Klemmt man das Pferd in Ausbinder ein, so hat es kaum Möglichkeiten, sich so deutlich nach außen zu stellen. Für den geübten Beobachter ist zwar immer noch die »geistige« Abwendung des Pferdes vom Geschehen in der Mitte des Zirkels zu erkennen, der ungeübtere wird es jedoch anfangs nicht wahrnehmen. Ein weiteres Argument gegen die dauernde Verwendung von Hilfszügeln.

Daß man die Stellung und Biegung des Pferdes ohne Hilfszügel an der Longe nicht erreichen könne, wird immer wieder von Verfechtern der Ausbinder vorgebracht. Dem kann man nur entgegnen: Hat man die Aufmerksamkeit des Pferdes, so schaut es in die Mitte, zu uns – es stellt sich also von allein nach innen. Biegung erhält man durch abwechselndes Verkleinern und Vergrößern des Zirkels, wie schon im entsprechenden Kapitel beschrieben.

Das Pferd bricht aus

Ein weit verbreitetes Problem beim Longieren ist auch das Ausbrechen des Pferdes nach außen – aus dem Zirkel heraus,

Was kann man mit seinen geringen Hilfsmitteln – Halfter und Longe – nun dagegen tun ?

Die einfachste Lösung ist der Round-Pen. Dort kann es nicht weg. Für den, der keinen Round-Pen zur Verfügung hat, gilt: Wenn das Pferd schon am Ausbrechen ist, ist es zu spät. *Man muß den Ansatz bekämpfen!* (Siehe auch Abschnitt »Fixierung«)

Durch gute Beobachtung kann man den Punkt erkennen, an dem das Pferd zum Ausbrechen ansetzt. Es macht den Hals aus der Schulter heraus steif und will sich nach außen stellen. Oder es biegt den Hals stark nach innen und läuft über die Schulter geradeaus. Im ersten Fall kann man es noch durch einen Schritt in Richtung seiner Hinterhand anhalten, solange es noch den Ausbilder im Auge hat. Hat es erst einmal die Aufmerksamkeit von ihm abgezogen und läuft einfach stur geradeaus, so verliert man den Ziehkampf, der daraus entsteht, schon allein aus Kraftgründen. In schweren Fällen verwendet man Ausbinder (+Trense) und schnallt den inneren kürzer, damit das Pferd den Hals nicht »einrasten« kann.

Drängt es mit abgeknicktem Hals über die Schulter nach außen, so ist es leichter anzuhalten, denn es schaut ja noch in Richtung des Ausbilders. In diesem Fall kann man bei dauerhaften Problemen aber auch eine Weile von der Prämisse »wenig Ausrüstung« abweichen, das Pferd mit Trense + Kappzaum bzw. Halfter ausrüsten und mit Ausbindern begrenzen. Es hat dann nicht mehr die Möglichkeit, den Hals so stark nach innen zu verbiegen; die äußere Schulter und der Halsansatz sind mit dem äußeren Ausbinder »festgestellt«.

Befürchtet man ein Ausbrechen und ist sich seiner schnellen Reaktion auf den Ansatz nicht ganz sicher, so kann man statt des einfachen Halfters ein Sidepull oder einen Kappzaum, in schwereren Fällen auch die Führkette oder War Bridle zum Longieren verwenden. Die Führkette sollte jedoch keinesfalls zum Dauerinstrument werden, sondern wird nur bei sturen Pferden oder besonderen Problemen kurz eingesetzt, um Respekt zu fordern. Andernfalls stumpft man die Pferde ab – und sie sollen durch die natürliche Methode ja gerade sensibler auf die Signale des Menschen, nicht stumpfer gemacht werden.

Widersetzlichkeiten an der Hand (beim Führen) – wenn das Pferd z.B. dem Führenden in bestimmten angsterzeu-

genden Situationen nicht folgt – sollten nach einem erfolgreich abgeschlossenen Dominanztraining kaum noch vorkommen. Geschieht dies trotzdem, so rekapituliert man das Heranholen des Pferdes zu sich und versucht es danach nochmals. Meist ist in solchen Fällen die Dominanz des Ausbilders noch nicht so recht gefestigt. So ist es eigentlich immer ein Dominanz- und dementsprechend auch Vertrauensproblem, wenn ein Pferd dem Ausbilder an der Hand nicht folgen oder sich nicht in eine bestimmte Richtung dirigieren lassen will.

Mit der Festigung der Dominanz des Ausbilders wächst auch das Vertrauen des Pferdes.

Dominanztraining ist immer auch Vertrauensbildung.

Man kann deswegen gleichsetzen: »Bekämpfen« von Widerständen des Pferdes gegen den Ausbilder = Bildung von vermehrtem Vertrauen.

Vertrauensbildung klingt viel friedlicher und harmonischer als Widerstandsbekämpfung und ist doch im Prinzip das gleiche, nur in einem anderen Bewußtsein ausgedrückt – nicht dem der Unterdrückung um jeden Preis, sondern dem des natürlichen Verstehens des Pferdes.

Man erringt das Vertrauen des Pferdes durch die Sicherheit, die man ihm als der »Ranghöhere« gibt, und Widersetzlichkeiten verschwinden oft von allein. Die Vertrauensbildung durch Dominanztraining ist neben einer Umstellung auf artgerechte Haltung auch ein Instrument, um Verhaltensstörungen von Pferden zu bessern – zumindest solche, auf die der Mensch Einfluß haben kann. Man muß dabei unterscheiden zwischen Störungen, die während des Reitens bzw. des Kontakts mit dem Menschen auftreten (die also aufgrund schlechter Erfahrungen des Pferdes mit dem Menschen entstanden sein können), und solchen, die ohne Kontakt mit dem Ausbilder in der Box oder im Auslauf sichtbar sind (entstanden vielleicht durch Vernachlässigung oder Entzug sozialer Beziehungen).

Zu ersteren gehören z.B. eine übertriebene Ängstlichkeit, verbunden mit ständigem Scheuen sowie »Durchgehen« oder dauerndes Herumzappeln während des Reitens. Es sind dies oft (vermeintliche) schadenvermeidende Reaktionen des Pferdes, entstanden aus einem Verlust des Vertrauens bzw. einem nie richtig aufgebauten Vertrauen zum Menschen. Sie sind durch Vertrauensaufbau zu beseitigen.

In die zweite Gruppe gehören »Untugenden«, wie Weben, Koppen, das »Gräbenlaufen« im Auslauf und andere manische Bewegungen, die sich das Pferd leicht aus Langeweile angewöhnt und die meist nicht mehr durch veränderte Bedingungen zu beheben sind, denn sie entziehen sich weitgehend dem Zugriff des Menschen. Im Gegensatz zu den schadenvermeidenden Reaktionen sind die Störungen der zweiten Gruppe echte Verhaltensstörungen.

Besserung von Bewegungsstörungen und Verspannungen

Neben den Verhaltensstörungen gibt es die Bewegungsstörungen und Spannungen, wie im allgemeinen Teil dieses Kapitels beschrieben, die auf dem Wege der Bodenarbeit gebessert oder behoben werden können.

Um eine Bewegungsstörung zu erkennen, muß man irgendwo ein Idealbild der »richtigen« Bewegung im Kopf haben (siehe »Leitbilddateien«). Die richtige d.h. ungestörte Bewegung sieht jedoch bei jedem Pferd anders aus. Was man bei einem leichtfüßigen, eleganten Pferd als Störung wahrnehmen könnte – z.B. ein stampfender, unrunder Galopp, ist bei einem schweren Pony, z.B. einem Haflinger noch normal. (Was nicht heißt, daß man den schwerfällig wirkenden Galopp eines solchen schweren Ponys nicht auch durch Training verbessern kann.) Wie schon in den vorangegangenen Kapiteln nahegelegt, sollte man bemüht sein, mit der Zeit einen Blick dafür zu entwickeln, an welcher Stelle in einer Bewegung »der Wurm drin ist«.

Als nächstes muß man sich darüber im klaren sein, daß die meisten Bewegungsstörungen und Spannungen durchs Reiten verursacht werden. Sie sind also logischerweise einfacher zu korrigieren, wenn man das Reiten als den verursachenden Faktor eine Weile bleiben läßt (oder nur im Schritt durchs Gelände bummelt), bis die Störung wenigstens an der Hand behoben ist.

Der nächste beachtenswerte Punkt ist, daß eine Spannung meistens nicht damit entspannt werden kann, daß man dem Pferd eine als richtig definierte Form (mittels Hilfszügeln) aufzwingt – es praktisch »einspannt«. Dadurch wird die Spannung erst einmal nur größer.

Daraus folgt, daß man Störungen und Spannungen im Bewegungsablauf möglichst ohne einengende Hilfszügel durch weitgehend freie Bewegung zu korrigieren versuchen sollte, wie schon im Abschnitt über das Longieren erwähnt.

Was kann man nun tun, wenn man es mit einem nervösen, hektischen Tier zu

Die Arbeit mit einem verspannten Pferd im Round-Pen:

1. starke Spannungen im Galopp.
2. einige Richtungswechsel/RollBacks...
3. ... das Pferd galoppiert etwas entspannter.

tun hat, das die Nase partout nicht herunternehmen will und bei der Arbeit konstant den Rücken wegdrückt?

Ablenkung

Man versuche es mit Ablenkungsmanövern, die aus dem normalen, gewohnten Trainingsablauf des Pferdes herausfallen.

Cavalettiarbeit, wie sie im Kapitel Springgymnastik beschrieben ist, zwingt das Pferd zu einem Senken des Halses. Kleine Sprünge fördern das Strecken des Pferdes.

Trailhindernisse, die es sich anschauen muß, tun ein Gleiches.

Man schaue sich das Problem in verschiedenen Gangarten an und arbeite das Pferd am Anfang eine Weile nur in der Gangart, in der es am wenigsten zutage kommt. Sehr enge Wendungen kann ein Pferd mit weggedrücktem Rücken nicht ausführen – man beschränke sich anfangs auf größere Zirkel, um sich nicht mit dem Pferd auf Ziehkämpfe einzulassen, wenn es aus der Wendung herausdrängelt.

Häufige Richtungswechsel – am besten aus dem Trab – zwingen das Pferd, die Hinterhand gut unterzusetzen, und entspannen damit den Rücken.

Das Training von freien Roll-Backs (siehe auch Reininglektionen) im Round-Pen kann durch die starke Beanspruchung der Hinterhand und das Strecken des Pferdes beim Herausspringen aus der Wendung auch einen positiven Effekt auf die Entspannung von Hals und Rücken haben. (Siehe Kapitel Weiterführende Arbeit)

Ein Pferd, welches gelernt hat, unter dem Reiter zu rennen und sich aufzuregen, lasse man im Round-Pen in freier Bewegung laufen, indem man mit ihm spielt, bis es sich abreagiert hat. Danach beschäftige man es mit Trailhindernissen. Man sollte das Pferd jedoch auch im Spiel nicht einfach sinnlos herumscheuchen, sondern sich Gedanken machen, welche Bewegungen des Pferdes sinnvoll im Hinblick auf das spezielle Problem sind. Es soll nicht einfach nur müde gemacht werden, sondern aufnahmebereit bleiben.

Wichtig ist es, das gewohnte Verhaltensschema beim Training zu durchbrechen (Vergleich Feldenkrais), um das Pferd für etwas Neues zu interessieren, ohne es dauernd mit der Korrektur von alten, oft jahrelang mitgeschleppten Fehlern zu belasten oder zu ärgern. Läßt man das Reiten für eine Weile und arbeitet nur am Boden, so ist dies etwas völlig Neues für das Pferd, das nicht schon mit negativen Erfahrungen besetzt ist.

Rückwärtsorientierte Übungen sind sinnvoll bei solchen hektischen Pferden. Regen sie sich dabei auf, so lasse man sie wieder eine Weile frei laufen, um die Spannungen durch Bewegung zu lösen.

Phlegmatische Pferde, welche nicht vorwärtsgehen wollen, die Hinterhand aus Faulheit im Sande schlurfen lassen (auch das ist eine Störung der Bewegung) und auf Signale seitens des Reiters bzw. Ausbilders erst reagieren, wenn der Aufforderung durch Gerte oder Peitsche mehrfach Nachdruck verliehen wurde, kann man anfangs mit massiven »Störaktionen« auf den eigenen Körper, auf die eigene Körpersprache sensibilisieren, wie im entsprechenden Kapitel beschrieben.

Solche Störaktionen dienen dazu, eine schnelle Reaktion eines langsamen, stumpfen Pferdes zu provozieren. Gibt der Ausbilder ein Signal, soll es prompt, d.h. schnell befolgt werden, und nicht zäh und zögernd. Ein zögerndes Befol-

Weitere Entspannung des Pferdes:

1 forscher Trab.
2 zurückgenommenes Tempo, das Pferd läßt den Hals noch mehr fallen.
3 entspannter Schritt.

91

gen eines Signals deutet immer darauf hin, daß das Pferd den Ausbilder als Leittier nicht ernst genug nimmt. Nach dem Motto »Woll'n doch mal sehen, ob er das wirklich so meint«. Beim Leittier hätte ein solches Pferd mit seiner lahmen Reaktion keine Möglichkeit, einem strafenden Huftritt oder Biß zu entgehen.

Störaktionen sollten sich zuerst auf den Mechanismus des Platzbeanspruchens stützen. (Das Pferd soll vom Ausbilder von seinem Platz vertrieben werden können – und zwar blitzartig.)

Hat man so ein stures Pferd erst einmal aus der Reserve gelockt, so wird es auch auf weitere Signale des Menschen besser, d.h. schneller reagieren. Es wird also auch ein Signal zum schnelleren Vorwärtsgehen befolgen.

Aufmerksamkeit als Schlüssel zum Erfolg der Korrektur

Vor allem wird es aufmerksam verfolgen, was denn der Mensch von ihm will.

Man hat durch diese Störaktionen seine Aufmerksamkeit erlangt.

Die Aufmerksamkeit auf die Aktionen des Ausbilders ist der Schlüssel zu einer weiterführenden erfolgreichen Korrektur. Diese sieht so aus, daß man das Pferd durch schnell aufeinanderfolgende Signale aufweckt. Schnelle Gangartenwechsel – häufiges Antreten und wieder Anhalten. Mehrere kleine Sprünge hintereinander. Ungleich liegende Stangen zum Darübertreten, die jedes Nicht-Aufpassen von allein bestrafen, weil das Pferd nämlich dabei auf eine Stange tritt. Also alles, was eine evtl. vorhandene Routine durchbricht. Später komplizierte Trailhindernisse, die seine volle Aufmerksamkeit fordern etc. Wie schon erwähnt, darf man das Phlegma nicht mit einem schmerzbedingten Hängenlassen der

Starke Hinterhandarbeit und schnelle Reaktion auf die Signale des Menschen bei der Wendung zum Zaun (Roll Back).

Hinterbeine verwechseln. Oft ist diese Unterscheidung einfach, ergibt sie sich doch aus der Gesamtpersönlichkeit des Pferdes und dem Beobachten einer Besserung oder Verschlechterung während der Arbeit.

Sieht man sich nun die Methoden für hektische und phlegmatische Pferde an, so stellt man fest, daß hinsichtlich der Trainings-Manöver wenig Unterschied besteht. Das hektische, gespannte (in Alarmbereitschaft befindliche) Pferd mit weggedrücktem Rücken wird ruhiger und vergißt seine nervöse Spannung, wenn es aufmerksam die geforderten Übungen absolviert, die seine Muskeln entspannen sollen. Das phlegmatische Pferd reagiert schneller, wenn es aufmerksam geworden ist; denn es rechnet andernfalls mit einer sofortigen Zurechtweisung durch den Ranghöheren.

Die Korrektur von Spannungen ohne Hilfszügel kann jedoch auch manchmal eine ganze Weile auf den durchschlagenden Erfolg warten lassen. Es wird hin und wieder quälend lange dauern,

Kleine Auseinandersetzung: Das Pferd reagierte zu langsam und fühlte sich bedrängt, weil der Ausbilder zu nahe herankam. Hier darf man keinesfalls nach hinten ausweichen.

bis sich ein verspanntes Pferd abstreckt. Jedoch wird der Erfolg dauerhaft sein, denn das Pferd hat es freiwillig getan.

Bei deutlichen Exterieurmängeln, wie einer stark überbauten Hinterhand, kann es in seltenen Fällen notwendig sein, vom Konzept der Korrektur durch freie Bewegung ohne Hilfszügel abzusehen. Ein Chambon, manchmal auch ein Stoßzügel, kann helfen, den Rücken eines solchen Pferdes zu entspannen.

Aufregung schadet nichts – Zappeln erlaubt.

Wer nicht weiß, um was es geht, der sieht bei den obigen Korrekturmaßnahmen manchmal nur ein Pferd, welches völlig aufgelöst um seinen Ausbilder herumspringt und sich fürchterlich aufregt. Diese Aufregung schadet jedoch nichts – ist sogar bei manchen Pferden (besonders den phlegmatischen, sturen) gewollt. Denn sie provoziert eine heftige Reaktion, wo sich das Pferd sonst nur stur abschottet.

Gestattet man dem Pferd, sich richtig aufzuregen, so ist die Erleichterung des Pferdes nach überstandener Aufregung um so größer – also auch das Wohlbefinden, welches eine erfolgreich überstandene Aufgabe abschließen sollte. Außerdem hat es die Möglichkeit, seine psychische Aufregung in hektischem Herumzappeln abzureagieren. Schlimmer ist in jedem Fall, dem Pferd von Anfang an durch Hilfszügel seine Beweglichkeit und somit das Mittel, seine Spannungen abzureagieren, zu nehmen. Diese Spannungen entstehen oft daraus, daß man es bei angsterzeugender Arbeit massiv daran hindert, seinem Fluchtinstinkt nachzugeben.

Später, bei bestimmten versammelnden Lektionen, sind Hilfszügel durchaus sinnvoll – nur muß zuerst das grundsätzliche Verhältnis Mensch–Pferd geklärt sein: kein Widerstand des Pferdes gegen das, was der Mensch von ihm verlangt – und damit weitestgehender Gehorsam.

Das erlaubte, ja gewollte »Zappeln« des Pferdes ist eine Besonderheit bei der natürlichen Bodenarbeit. Man kann es hier ohne weiteres zulassen, denn es schadet niemandem: Es kann kein Reiter herunterfallen – und der spätere Reiter bekommt keine Angst vor den unkontrollierten Bewegungen seines Pferdes. Angst, die ihn beim Reiten unsicher werden lassen kann und damit das Vertrauen des Pferdes in ihn untergräbt.

Vertrauensbildung durch Engpaß- und Verladetraining

Das Training an sogenannten Engpässen gehört zu den Übungen, bei denen viele Pferde sich gehörig aufregen. Es ist jedoch wichtig zur Vertrauensbildung. Mit einem Pferd, welches sich pro-

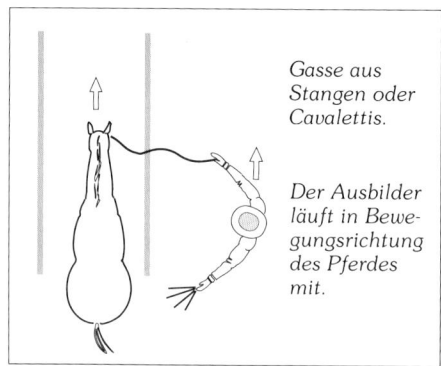

Gasse aus Stangen oder Cavalettis.

Der Ausbilder läuft in Bewegungsrichtung des Pferdes mit.

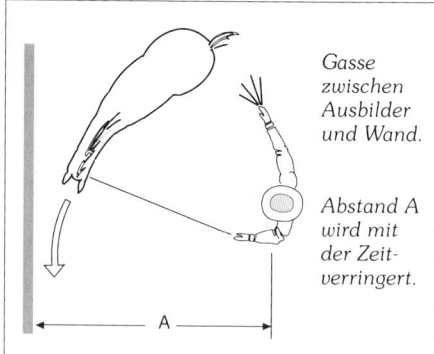

Gasse zwischen Ausbilder und Wand.

Abstand A wird mit der Zeit verringert.

A

blemlos durch Engpässe schicken läßt, löst sich z.B. auch das für viele Reiter problematische Verladen ihrer Pferde fast von selbst. Denn auch der Hänger ist nichts anderes als ein »Engpaß«, in dem sich das Pferd eingeschlossen, d.h. in seiner Beweglichkeit, seinem Fluchtinstinkt gehemmt fühlt. Hat man ihm die Angst vor solchen »Höhlen« genommen, so gibt es keinen Grund mehr für seine Widersetzlichkeiten. Auch für steiles Gelände ist es sehr nützlich, wie wir noch sehen werden.

Grundlage für das Training an Engpässen ist die Möglichkeit, sein Pferd vor sich her und von sich weg bzw. im Bogen um sich herum zu schicken, wie in Kapitel Dominanztraining erklärt.

Ziel der Übungen ist es, das Pferd durch Engpässe hindurchzuschicken und nicht, vor ihm her zu laufen. Das hat zwei Gründe: erstens den des Schutzes für den Führenden, sollte das Pferd in einem Engpaß doch einmal panisch reagieren und nach vorne springen. Zweitens den, dem Pferd die Freiwilligkeit seiner Handlung zu suggerieren: Es bewegt sich ohne direkte Führung.

Eine einfache Übung zu Beginn:
Man legt zwei Cavalletti im Abstand

von 1 m nebeneinander und schickt das Pferd vorwärts hindurch. Diese beiden Cavalletti sind durch ihre niedrige Höhe überhaupt noch nicht angsterzeugend für das Pferd. Es fühlt sich nicht eingeklemmt. Der Ausbilder stellt sich neben eines der Cavalletti mit Front zu seinem Pferd und schickt es durch die Gasse. Entweder nur mit Hilfe des ausgestreckten linken Armes oder mit Hilfe des kreisenden Seilendes, falls nötig (Positionen wie in Abbildung oben beschrieben).

Später erhöht man die Cavalletti oder ersetzt sie durch kleine Sprünge, die immer mehr »dicht gemacht« z.B. mit Decken, die darüber gehängt werden.

Auch massive Gassen aus Tonnen oder Strohballen sind eine gute Übung.

Auch zwischen sich selbst und einer Wand kann man einen Engpaß bilden und das Pferd hindurchlongieren – erst im Schritt, später im Trab (siehe Abbildung oben). Mit der Zeit verringert man immer mehr die Breite dieses Durchschlupfes.

Viele Pferde werden sich anfangs weigern, durch ein sehr enges »Loch« zwischen Wand und Ausbilder hindurchzuschlüpfen. Mittels etwas »Überredung« mit dem kreisenden Seilende und der unerschütterlichen, ruhigen Gewißheit des Ausbilders; »Du gehst ja doch irgendwann da durch«, bekommt man auch das ängstlichste Pferd durchs Nadelöhr.

Das Engpaß-Training gipfelt in Trail- oder Geländehindernissen, wie z.B. engen Brücken mit hohem Geländer.

Verladetraining

Auch das Verladetraining wird nach dem Schema des Engpaß-Trainings durchgeführt.

Und das Schöne dabei ist: Man braucht keine Helfer, die oft mehr Verwirrung und Unruhe stiften, als wirklich bei einem Verladeproblem zu helfen. Man braucht jedoch am Anfang Zeit – und zwar unbegrenzt. Das heißt auf jeden Fall: Verladen wird nicht mit dem Ziel, danach mit Pferd im Hänger wegzufahren, sondern anfangs mehrmals nur zu Trainingszwecken.

Zur Vorbereitung erzeugt man zwischen sich selbst und der geschlossenen Hängerklappe einen Engpaß, durch den man das Pferd longiert. Dann öffnet man die Hängerklappe und läßt das Pferd quer darüber laufen (siehe Abb.) immer nötigenfalls mit dem kreisenden Seilende als Nachdruck.

Läuft das Pferd ohne Widerstand über die geöffnet Klappe, so ändert der Ausbilder seinen Standort und stellt sich neben den geöffneten Hänger. Er läßt das Pferd weiterhin im Kreis um sich herumlaufen, so daß es schließlich frontal vor dem geöffneten Hänger steht. Hier wird es zuerst einmal versuchen auszuweichen – nicht nach der Seite, an der der Ausbilder steht, denn der schickt es ja weg; vor seinen Signalen hat es schließlich gelernt, Respekt zu haben. Es läuft also im Bogen an der Klappe vorbei auf die andere Seite des Hängers. Dort endet irgendwann die Reichweite des Strickes bzw. der Lon-

ge. Dadurch, daß der Ausbilder neben dem Hänger steht, wird in diesem Moment der Strick umgelenkt – das Pferd bekommt einen Ruck auf die Nase,wird herumgerissen – also deutlich gestört. Durch Zug am Strick (auf den es im Dominanztraining auch zu reagieren gelernt hat) wird das Pferd zurückgeholt und wieder vor die geöffnete Klappe geschickt. Das Spielchen wiederholt sich unter Umständen eine halbe Stunde lang, bis man das Pferd »zermürbt« hat. Es wird schließlich erste zaghafte Ansätze zeigen, freiwillig in den Hänger hineinzugehen. Diese sollten nicht damit enden, daß man das Pferd sofort einsperrt, wenn es drin ist. Vielmehr soll – und wird – es ein paarmal wieder herauskommen – am Anfang meist schnell und hektisch, später ruhiger. Man läßt ihm die Möglichkeit, sich wieder aus der engen »Höhle« zu entfernen. Dies ist sehr wichtig, denn es läßt dem Pferd einen Ausweg. Sein Fluchtinstinkt wird nicht unterdrückt.

Nachdem das Pferd einige Male in den Hänger hinein- und herausgewandert ist, bemerkt es, daß der Hänger der einzige Ort ist, an dem es seine Ruhe hat. Es wird freiwillig darin bleiben – auch ohne geschlossene Klappe.

Nun lasse man das Pferd einige Zeit in Ruhe im Hänger »nachdenken« und das Geschehen verarbeiten – unangebunden und mit der Möglichkeit, diesen zu verlassen, wann es will.

Diese Freiheit ist aus den oben schon erwähnten Gründen wichtig. Sie nimmt ihm jeden Rest von Angst vor dem Hängerinneren. Es ist für das Pferd ein Ort der Erholung, weil man es dort zufriedenläßt, also belohnt (vergl. Kap. Belohnung und Strafe).

Trotzdem sollte man zu diesem Zeitpunkt das Pferd nicht fahren, sondern dieses freiwillige Hineingehen durch ei-

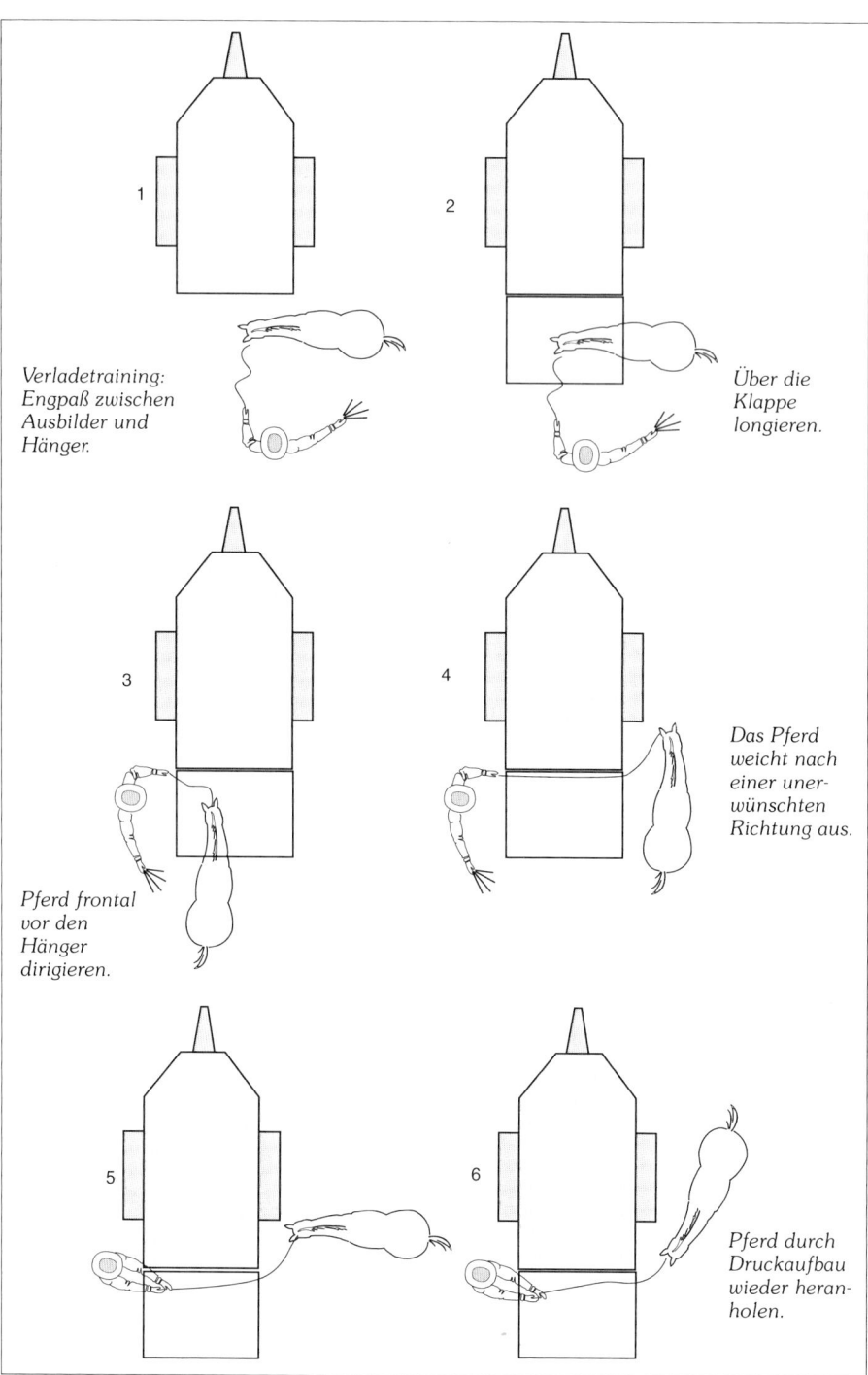

Verladetraining:
Engpaß zwischen
Ausbilder und
Hänger.

Über die
Klappe
longieren.

Das Pferd
weicht nach
einer uner-
wünschten
Richtung aus.

Pferd frontal
vor den
Hänger
dirigieren.

Pferd durch
Druckaufbau
wieder heran-
holen.

96

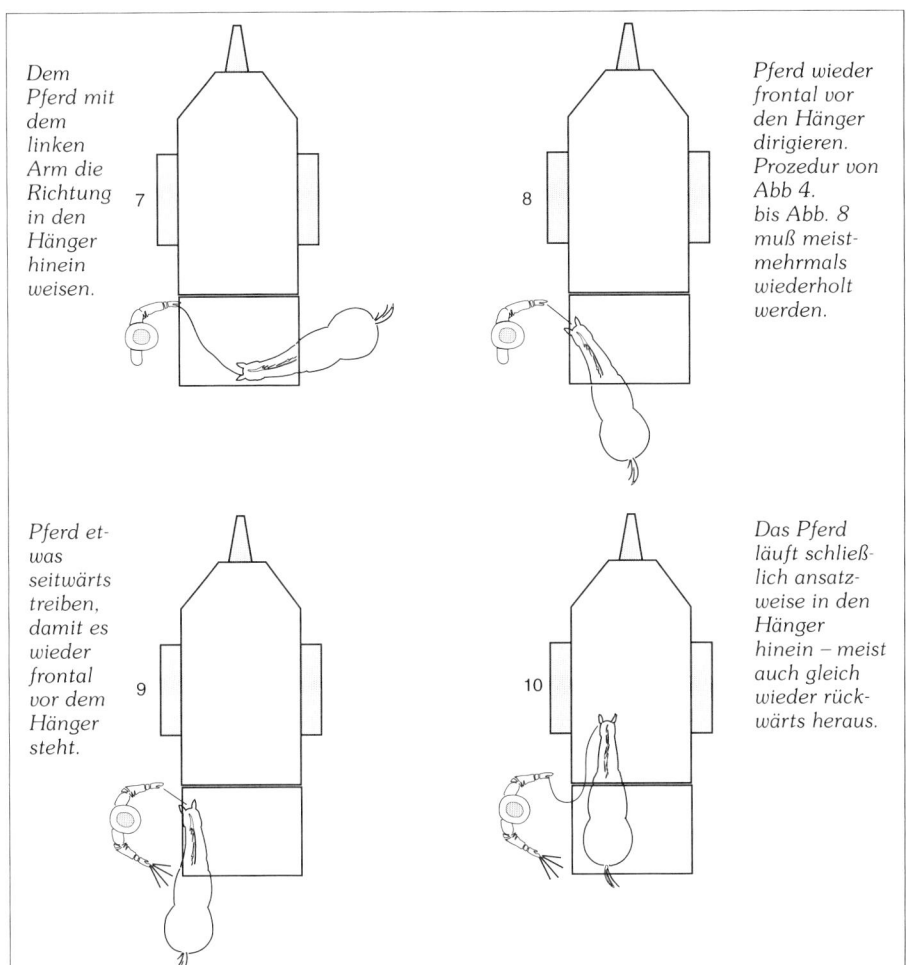

Dem Pferd mit dem linken Arm die Richtung in den Hänger hinein weisen.

7

Pferd wieder frontal vor den Hänger dirigieren. Prozedur von Abb 4. bis Abb. 8 muß meist-mehrmals wiederholt werden.

8

Pferd et-was seitwärts treiben, damit es wieder frontal vor dem Hänger steht.

9

Das Pferd läuft schließ-lich ansatz-weise in den Hänger hinein – meist auch gleich wieder rück-wärts heraus.

10

nige Übungsstündchen an den folgen-den Tagen festigen. Nach diesen Übun-gen wird man nie wieder einen Helfer zum Verladen des Pferdes brauchen – man kann es immer allein in den Hän-ger schicken.

Die ganze Prozedur wird nicht ohne hektisches Herumzappeln des Pferdes abgehen. Wer Angst um die Beine des Pferdes hat, sollte sie mit Gamaschen schützen.

Wer sich diese Methode nicht zutraut, weil er vielleicht Angst hat, das Pferd nicht halten zu können, wenn es hinter der Seitenwand des Hängers auf der anderen Seite verschwindet, kann ein Sidepull oder auch eine Führkette am Halfter statt des reinen Halfters ver-wenden. Er kann sich jedoch auch ei-nen Helfer nehmen, der die Funktion des Störers mit dem kreisenden Seilen-de von schräg hinten übernimmt Dieser darf jedoch nichts anderes tun, als das Pferd mit dem Seilende leicht zu berühren – nie fest schlagen oder die Geduld verlieren.

Diese Methode mit einem Helfer empfiehlt sich für Leute, die noch etwas Schwierigkeiten mit der ruhigen Koordination der ursprünglichen Verfahrensweise haben. Sie brauchen sich dann nur aufs Pferd zu konzentrieren.

Das Pferd läßt sich nicht anbinden

Dieses Problem wird hauptsächlich wieder dadurch verursacht, daß das Pferd sich in seiner freien Bewegung gehindert sieht und darauf mit panischen Losreißversuchen reagiert. Da man jedoch bei vielen Gelegenheiten darauf angewiesen ist, sein Pferd sicher anzubinden, muß man versuchen, ihm erstens die Angst zu nehmen, ihm zweitens aber auch deutlich die Vergeblichkeit seiner Versuche, sich loszureißen, vor Augen führen. Es muß sich in diesem Fall aus Gründen der Sicherheit damit abfinden, daß seine Beweglichkeit eingeschränkt ist; denn es ist nicht überall ratsam, sein Pferd frei in Form des Ground-Tying (siehe Trail) abzustellen. Und es steht auch nicht überall ein Paddock mit E-Zaun zur Verfügung

Um ihm die Angst zu nehmen, kann man ihm anfangs einen ruhigen, anbindesicheren Artgenossen zur Gesellschaft geben und in Sichtweite, jedoch nicht in seiner Reichweite, anbinden. In Reichweite deswegen nicht, weil das Problempferd das andere Pferd bei einem Losreißversuch verletzen könnte.

Das Pferd sieht nun seinen Artgenossen seelenruhig angebunden stehen, und dessen Ruhe überträgt sich auf das Problempferd.

Selbst wenn dies nun eine Weile gutgeht, so kommt der Punkt, an dem das Pferd trotzdem versucht, sich loszureißen. Diesen Zeitpunkt sollte man zu

Hause provozieren, und nicht, wenn man mit dem Pferd unterwegs ist, also unter meist sehr viel ungünstigeren Bedingungen.

Will man ein Pferd, welches sich schon ein paarmal losgerissen hat, umerziehen, so muß man von Anfang an unzerreißbares Material verwenden.

Ein stabiles Lederhalfter, möglichst am Genick etwas gepolstert und einen dicken Strick mit festem Haken (kein Panikhaken). Das Pferd wird so hoch und kurz angebunden, daß es nicht in den Strick treten kann. Es darf auch den Kopf nicht unter den Strick bekommen, so daß es sich daran aufhängen könnte. Sinnvollerweise befindet sich nichts zu fressen in der Nähe.

Der Boden sollte weich sein und der Pfosten, an dem das Pferd angebunden wird, stabil, am besten fest einbetoniert. Der von den Westernreitern verwendete »Snubbing Post« in der Mitte einer Reitbahn ist eine gute Erfindung für solche Zwecke. (Ein freistehender Baum ohne tiefe Äste tut es jedoch auch.) Es versteht sich von selbst, daß keine Gegenstände in Reichweite des Pferdes herumliegen dürfen.

Das Pferd darf keine Möglichkeit ha-

Das Pferd wird gelobt.

ben, sich erneut loszureißen. Man kann es nun eine Weile stehen lassen, sollte es aber beobachten. Fängt es an zu zerren, so tut man unter Umständen garnichts und läßt es sich austoben. Noch effektiver ist die Methode, ihm mit irgend etwas auf die Kruppe zu klatschen, vor dem es erschrickt. Der Gegenstand sollte lang genug sein, so daß man nicht allzu dicht an das panische Pferd herangehen muß. Es kann ein langer belaubter Zweig sein, eine Gerte mit Plastiktüte am Ende o.ä. Damit kann man es manchmal von seinem Zerren ablenken – es macht einen Satz nach vorne und bleibt meist erst mal verdutzt stehen. Man kann es dann mit der Stimme loben.

Um Verletzungen an den Beinen zu vermeiden, kann man sie mit Gamaschen schützen.

Entspannung des unbewegten Pferdes

Entspannungsübungen im Halten

Neben der Möglichkeit, das Pferd durch Bewegung zu entspannen, hat man auch noch die, es durch Übungen während des Stehens zu lockern.

Dies ist vor allem dann sinnvoll, wenn alte Spannungen so fest sitzen, daß das Pferd aus diesen alten schlechten Gewohnheiten nicht mehr allein herausfindet.

Sei es, daß eine alte Verletzung lange schmerzhaft war und zu Spannungen bei bestimmten Bewegungen geführt hat (die sich nun gewohnheitsmäßig festgesetzt haben) oder das Pferd so lange falsch oder mit schlecht sitzenden Sätteln gearbeitet wurde, daß es Arbeit immer mit Schmerzen verbindet und sich aus Gewohnheit verspannt.

In solchen Fällen können in der Bewe-

gung Hilfszügel wie das Chambon eingesetzt werden.

Vorbereitend (vor der Arbeit in Bewegung) können jedoch einzelne angespannte Körperpartien durch gezieltes Massieren oder gezielte Biege- oder Streckübungen gelockert werden.

Durch Beobachten des Pferdes in freier Bewegung haben wir die Bewegungsstörungen und Spannungen teilweise schon lokalisieren können. (Haben wir im Vergleich dazu auch die Bewegung unter seinem gewohnten Reiter sehen können, so ergeben sich unter Umständen schon deutliche Unterschiede in der Bewegungsqualität mit und ohne Reiter.)

Abtasten

Durch Berühren des Pferdes am ganzen Körper mit den Fingerspitzen können wir weitere Empfindlichkeiten feststellen. Besonders der Ohren- und Genickbereich ist häufig empfindlich. Daneben ist fast immer irgendwo im Rücken oder der Halsmuskulatur ein »Knackpunkt«.

Neben schmerzhaften Empfindlichkeiten werden sich beim Abtasten des Pferdes auch die sensiblen Punkte herausstellen, an denen das Pferd die Berührung besonders angenehm empfindet, und solche, die es zu schnellen Ausweich-Reaktionen veranlaßt, wenn man sie »stört« (ohne daß das »Stören« schmerzhaft ist).

Verstärken und Abschwächen des Druckes der Finger kann unterschiedliche Reaktionen beim Pferd hervorrufen. Manche Pferde reagieren auf stärkeren Druck mit Schmerzen, andere auf schwächeren.

Eine schmerzhafte Reaktion kann man – sowohl im Halten als auch in der Be-

Hals und Genick entspannen: Eine Hand wird über den Nasenrücken, die andere aufs Genick gelegt.

Durch eine vibrierende gegenläufige Bewegung wird das Pferd zum Senken des Halses veranlaßt.

wegung auch am Gesicht des Pferdes erkennen, nicht nur daran, daß die berührte Körperpartie zuckt oder zurückweicht.

Es legt die Ohren zurück und zeigt die Zähne bei leicht geöffnetem Maul. Dabei kann es den Kopf unwillig schütteln oder schräglegen. Dieser Ausdruck ist nicht zu verwechseln mit einem drohenden, gegen ein anderes Pferd gerichtetes Ohrenanlegen und Zähneblecken. Er ist nicht zielgerichtet, sondern eher nach innen – in sich hinein, bezieht sich auf den eigenen Körper.

Für Pferde, die einen deutlichen Widerstand im Genick zeigen und den Kopf meist alarmiert hoch tragen (meistens einhergehend mit einem Hochdrücken des Unterhalses), kann man in nachfolgend beschriebener Weise Hals und Genick entspannen.

Hals und Genick entspannen

Man legt eine Hand flach auf das Genick des Pferdes und die andere auf den Nasenrücken des Pferdes. Dann drückt man mit der einen Hand die Nase leicht nach rechts, während man mit der an-

deren Hand das Genick leicht nach links zieht – danach das Ganze umgekehrt – Genick nach rechts, Nase nach links – eine gegenläufige Bewegung. Diese Bewegung führt man im schnellen Wechsel durch – das Pferd schüttelt praktisch den Kopf dabei. Es ist jeweils nur eine minimale Bewegung aus der Senkrechten nach rechts und links heraus. Wehrt sich das Pferd anfangs gegen die Bewegung, so darf man nicht den Druck bzw. Zug verstärken (das würde nur noch mehr Widerstand provozieren), sondern macht die gegenläufige Bewegung der Hände anfangs ohne Reaktion des Pferdes. Es wird irgendwann durch leichtes Schrägneigen des Kopfes nach rechts und links reagieren. Und noch später wird es den Kopf dabei senken und sich entspannen.

Die Entspannung ist neben dem Hängenlassen des Kopfes und Halses erkennbar an halbgeschlossenen Augen und entspannter Maulpartie.

Unter dem Reiter kann man es dann durch ein leichtes Kraulen im vorderen Bereich des Mähnenkammes auch zum

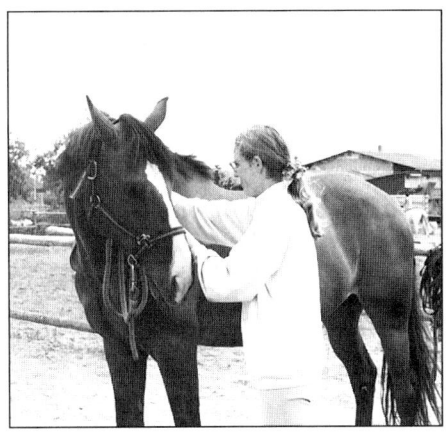

Pferd im Hals stark stellen. Druckpunkt der Hand am Hals.

Die andere Hand greift ins Halfter und zieht den Kopf herum.

Senken des Halses veranlassen. Nun kann es sein, daß das Pferd sich gar nicht ans Genick fassen läßt, weil es die Berührung dort fürchtet.

Um dort oben hinzukommen, sucht man sich nun zuerst einen Punkt am Kopf des Pferdes, an dem es die Berührung gern hat. Dort legt man eine Hand hin und bewegt sie leicht. Dann versucht man, langsam, ohne Druck die Hand Richtung Genick zu schieben. Eine kreisende Bewegung lenkt das Pferd von der beabsichtigten Richtung ab.

Bei dieser Prozedur darf man sich nicht aus der Ruhe bringen lassen – sie kann lange dauern.

Viele Pferde mögen es sehr gern, wenn man ihnen mit der flachen, etwas gehöhlten Hand über die Augen streicht. Das macht man ein paarmal und tastet sich evtl. von der Position über den Augen Richtung Genick vor.

Andere Pferde können es einfach nicht vertragen, wenn man hinter ihrem Gesichtskreis, gerade so, daß sie es nicht mehr sehen können, hantiert.

Man kann deswegen versuchen, statt hinter den Ohren, also auch direkt hinter den Augen, vor den Ohren herum, über Nase und Stirn des Pferdes zum Genick vorzudringen und dann die Hand über das Ohr seitwärts zu drehen. Viele Pferde mögen es auch sehr gern, wenn man sie hinter den Ohren krault und die Ohren gelegentlich dabei etwas nach vorne biegt.

In selteneren Fällen gibt es auch einen organischen Grund, warum ein Pferd sich am Kopf nicht oder nicht immer anfassen lassen will. Als Beispiel mag meine Stute gelten, die sich an manchen Tagen gern überall am Kopf kraulen ließ und an anderen mit aufgerissenen Augen wegzuckte. Am Anfang hielt ich es für starke Launenhaftigkeit. Nach einiger Zeit stellte sich jedoch eine Nasennebenhöhlenvereiterung heraus, die ihr an manchen Tagen stärker zu schaffen machte als an anderen.

Hat das Pferd im Dominanztraining gut gelernt, dem Zug auf das Genick nachzugeben, so kann man auch zur Entspannung den Kopf des Pferdes herunterziehen.

Hals stark abstellen

Um Blockierungen im Hals-, Schulter- und Ganaschenbereich zu entspannen, kann man das Pferd dazu veranlassen, den Hals stark seitlich zu biegen.

Die Westernreiter machen dies häufig, wenn sie draufsitzen – es funktioniert jedoch auch vom Boden aus.

Dazu kann man anfangs gut mit einem Leckerbissen arbeiten, den man dem Pferd seitlich anbietet und ihn, wenn das Pferd den Kopf danach wendet, noch ein wenig nach hinten zieht.

Erstens lenkt man das Pferd damit von dem eigentlichen Problem ab – nämlich daß der Hals oder die Ganaschen bei dieser starken Biegung wehtun können, wenn sie vorher verspannt waren. Zweitens versüßt man ihm damit die erwünschte Bewegung.

Neben Spannungen im Halsbereich kann man mit dieser Methode auch Steifheiten des Rumpfes im Ansatz mitkorrigieren.

Später sollte das Pferd ohne den Leckerbissen zu einem Wenden und Biegen des Halses veranlaßt werden können – und bekommt erst als Belohnung für die gute Reaktion seinen Zucker. Dazu legt man wieder eine Hand auf den Nasenrücken oder greift ins Halfter und zieht den Kopf zu sich heran. Gleichzeitig drückt man mit der anderen Hand leicht gegen den Hals, damit das Pferd dort nachgibt. Jedoch darf man nie versuchen, das Pferd durch verstärkten Druck bzw. Zug mit den Händen zu biegen. Abgesehen davon, daß das Pferd sowieso stärker ist und den Hals nicht biegt, wenn es nicht will, verursacht man mit gewaltsamen Aktionen nur wieder erneute Widerstände.

Anfangs wird eine Seite des Pferdes deutlich steifer sein – das Pferd wird sich deutlich abmühen müssen, seinen

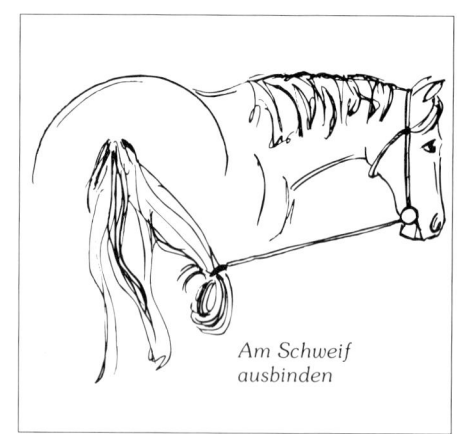

Am Schweif ausbinden

Leckerbissen zu erreichen. Man sollte das Pferd auf der steiferen Seite nicht überfordern, sondern eher die Anforderungen noch langsamer steigern als auf der besseren Seite.

Mit der Zeit wird es dem Pferd nichts mehr ausmachen, sich in dieser Form zu biegen – war es doch prinzipiell sowieso eine natürliche Bewegung, die nur durch zunehmende Spannungen erschwert wurde.

Am Sattel oder Schweif ausbinden

Viele Westernreiter binden ihre jungen Pferde vor dem Reiten einmal rechts und einmal links mit einem Seil von der Trense zum Schweif aus und lassen es eine Weile im Paddock stehen (so daß es nirgendwo hängenbleiben kann). Das Verfahren lehrt das Pferd, daß der Druck im Maul und am Schweif nachläßt, wenn es in seiner gesamten Längsachse nachgibt.

Mit einem unverdorbenen, jungen Pferd hat das seinen Berechtigung, solange man es jeweils nur ein paar Minuten macht und nur eine ganz geringe Biegung verlangt. Jedes zu starke Abstellen im Hals bei dieser Übung verursacht beim jungen Pferd das Gefühl des

Eingezwängtseins und bestenfalls Widerstand, schlimmstenfalls Angst und eine Panikreaktion, denn es ist in diesem Zustand wehrlos.

Auch das einseitige Ausbinden am Sattel kann sinnvoll sein, wenn ein Pferd gegen den Zügel kämpft. Es kämpft in diesem Fall gegen sich selbst und lernt durch die Vergeblichkeit seines Bemühens, dem Druck des Zügels seitlich nachzugeben und den Hals zu biegen.

Einem älteren, verdorbenen Pferd, welches in Hals und Schulter völlig verspannt ist und demenstprechend in der Biegung Schmerzen hat, kann diese Methode jedoch nur schaden; denn es verspannt sich nur noch mehr, wenn es dem Schmerz der Biegung nicht durch Zurückkehren in die gerade Haltung entkommen kann.

Beine strecken und entspannen

Eine gute Übung, die man auch später im Trailtraining machmal wieder verwenden kann, ist es, die Vorderbeine des Pferdes nach vorne leicht zu strecken und seitlich etwas hin und her zu bewegen. Es fördert das Gleichgewicht auf den anderen drei Beinen. Die seitliche Bewegung lockert zusätzlich die Schulter. Die Hinterbeine kann man nach hinten und nach vorne leicht strecken. Nach der Übung mit dem jeweiligen Bein sollte man den Huf auf die Spitze stellen – das Pferd steht dann in entspannter Haltung.

Streckübungen an den Beinen des Pferdes

... mit anschließender Entspannung.

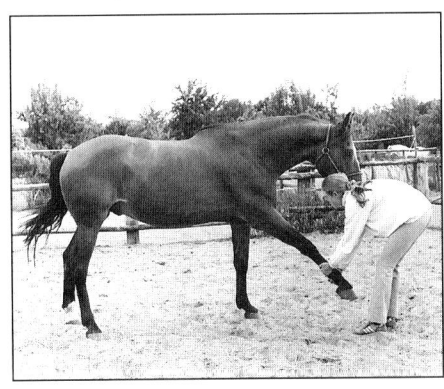

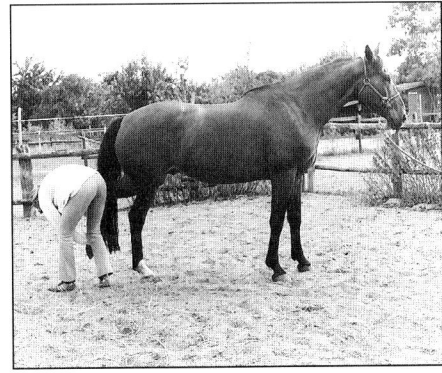

Weiterführende Arbeit

Weiterführende Arbeit beginnt dort, wo dem Pferd spezielle Lektionen beigebracht werden sollen, wo es auf bestimmte Leistungen – auch oder gerade unter dem Sattel – vorbereitet werden soll. Ist das grundlegende Gehorsamstraining allgemein für alle Pferde und alle später angestrebten Reitweisen anwendbar, so kann man sich später auf sein bevorzugtes Ziel – sei es die klassische Dressur, das Westernreiten oder das Wanderreiten – mehr spezialisieren und die Übungen in den Vordergrund stellen, die den eigenen Vorlieben am besten entsprechen. Manchmal kann es aber auch ganz hilfreich sein, in die anderen Bereiche hineinzuschnuppern. Es bieten sich sicherlich interessante Anregungen für die Auflockerung der Arbeit.

Klassische Versammlung

Schließen des Pferdes im Halten

Eine Möglichkeit, das Pferd schon im Stehen leicht zu versammeln ist, es mit einer langen Gerte zu »schließen«. Zu dieser Übung sollte das Pferd ausgebunden sein, um sich dem Schließen nicht durch ein Wegdrücken des Rückens entziehen zu können. Man streicht dazu mit einer fließenden Bewegung über den hinteren Teil des Rückens und die Kruppe bis zu den Sprunggelenken herunter. Das Pferd sollte dabei die Hinterbeine etwas untersetzen. Reagiert es nicht, so streicht man nochmals – diesmal bis zu den Fesselköpfen hinunter und tippt diese evtl. noch einmal kurz stärker an.

Diese Berührung mit der Gerte kann auch zur »Stimmungsprüfung« am Anfang der Arbeit eingesetzt werden. Reagiert das Pferd heute sehr stark auf das Schließen, so wird es bei der anschließenden Arbeit meist sehr fleißig – evtl. zu fleißig, d.h. übereilt – treten. Reagiert es nicht, so ist es heute eher faul und muß aufgeweckt werden. Man kann die Gerte dann an den hinteren Röhrbeinen – möglicherweise bis über die Sprunggelenke hinaus – auf und ab bewegen, bis das Pferd untertritt. Auch hier gilt es wieder, den Teil der Hinterhand zu finden, der auf die Berührung am besten reagiert (sensible Punkte).

Voraussetzung ist, daß es keine Angst vor der Gerte hat und gelernt hat, deren Berührung am ganzen Körper zu dulden.

Das Schließen des Pferdes mittels Gerte sollte jedoch nicht zu häufig ausgeführt werden, um es für diese Berührung sensibel zu halten.

Schließen des Pferdes mit der Gerte.

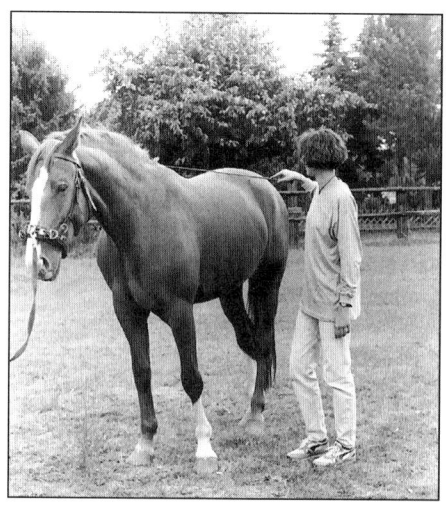

Versammlung in Bewegung

Es ist ohne weiteres möglich, seine Pferde bis zu den Lektionen der Hohen Schule zu trainieren, ohne sich draufzusetzen.

Pferde, die an der Hand in der entsprechenden Lektion genügend gymnastiziert und versammelt wurden, haben prinzipiell auch keine Schwierigkeiten, mit dem Reitergewicht fertigzuwerden – auch in schwereren Lektionen nicht.

Wer sein Pferd nicht nur gehorsam machen möchte, sondern auch Dressurambitionen hat, der kann es an der Hand versammeln. Er findet in der Bodenarbeit ein weites Betätigungsfeld für das künftige Dressurpferd.

Es ist möglich, fast jede Lektion vom Boden aus zu trainieren.

Für manche braucht es jedoch ein wenig Kondition seitens des Ausbilders – man denke nur an die Arbeit am langen Zügel im verstärkten Trab.

Arbeit mit Ausbindern

Hat man mit dem grundlegenden Gymnastizierungs- und Gehorsamstraining ein lockeres Pferd ausgebildet, so kann man in der Versammlung auch mit Ausbindern arbeiten. Zusätzlich gehört dann ein Kappzaum an den Kopf des Pferdes, um nicht die Longe oder den Führstrick in den Trensenring einschnallen zu müssen. Bei der versammelnden Arbeit an der Longe empfiehlt sich die Arbeit mit Peitsche und/oder Gerte; das kreisende Seilende, welches für die Dominanzarbeit gute Dienste leistet, ist für die absolute Feinabstimmung nicht so gut geeignet wie eine Gerte. Es ist z.B. sehr schwierig, einen Fesselkopf mit dem Seilpropeller präzise zu berühren, denn dafür müßte man sich bücken.

Man muß bei der Arbeit mit Ausbin-dern darauf achten, daß das Pferd sich nicht aufs Gebiß legt. Dazu kann man jedesmal, wenn das Pferd den Kopf in der Absicht senkt, sich im Gebiß abzustützen, die Peitsche etwas in Richtung seines Kopfes ausschwingen oder mit dem Peitschenknall ein Heben des Kopfes verursachen. Neigt das Pferd sehr dazu, das Gebiß als fünftes Bein zu benutzen, so überprüfe man, ob die Ausbinder zu kurz geschnallt sind.

Wichtig ist, daß man das Pferd immer wieder auch ohne Hilfszügel arbeitet und sich strecken läßt, so daß sich Spannungen nicht festsetzen können. Auch der Neigung, sich aufs Gebiß zu legen, wirkt ein Wechsel zwischen Arbeit mit und ohne Ausbinder entgegen. Man sollte vermeiden, das Pferd gleich zu Anfang der Arbeit im Schritt mit Ausbindern im Hals »kurz zu machen«. (Der versammelte Schritt ist eine sehr schwere Lektion. Sie sollte auch bei Pferden, die ihn beherrschen, nicht gleich zu Beginn der Arbeit gefordert werden.)

Der Ausbinder – sei er bei der Arbeit des jungen Pferdes auch mit gutem Recht umstritten und m.E. oft unnötig – ist bei der Ausbildung des Pferdes hinsichtlich größerer Versammlung hilfreich. Es ist sicher richtig, daß man auch die Versammlung ohne einen feststehenden Hilfszügel – z.B. durch das Fahren vom Boden, die Arbeit am langen Zügel, erreichen kann. Jedoch ist dies viel schwerer, denn es erfordert viel mehr Gefühl in der Hand. Der Ausbilder muß die gleiche Feinfühligkeit für den langen Zügel entwickeln, wie er sie für die kurzen Zügel beim Reiten haben sollte, und das, während er selbst bei einigen Lektionen durch den Sand des Reitplatzes hinter seinem Pferd hertrabt. Wer es schon probiert hat, weiß, wie schnell man dabei außer Puste gerät – und wie die Atemlosigkeit sich auf die Feinmotorik der Hände auswirkt.

Über die Länge der Ausbinder streiten sich die Gelehrten. Auch dafür muß man einen Blick bekommen. Alle gängigen Richtlinien können immer nur einen von mehreren Anhaltspunkten geben. Die richtige Länge von Ausbindern ist von Pferd zu Pferd und von Ausbildungsstufe zu Ausbildungsstufe verschieden.

Für ein Pferd, welches vorher nur ohne Ausbinder gearbeitet wurde, sollten sie so lang geschnallt sein, daß sie fast keine Wirkung haben – also so, daß das Pferd die Nase noch gut vor die Senkrechte strecken kann. Sie werden zudem tief am Longiergurt angebracht.

Je mehr das Pferd aufgerichtet werden soll (und kann) desto kürzer können die Ausbinder werden. Und desto höher am Longiergurt werden sie eingeschnallt. Sie dürfen jedoch nie den Pferdekopf hinter die Senkrechte zwingen. Passiert das, so ist das Pferd noch nicht reif für die Verkürzung, d.h., es kann sich noch nicht weit genug aufrichten.

Der Ausbinder verhindert ein Hochwerfen des Kopfes, wenn das Pferd aufgefordert wird, seine Hinterbeine mehr unterzusetzen. Dies ist jedoch m.E. nicht seine wichtigste Funktion.

Er erleichtert das Touchieren der Hinterbeine mit der Gerte; denn das Pferd kann sich nach vorne nicht so leicht entziehen. Was jedoch viel wichtiger an der Arbeit mit Ausbindern ist, ist die Tatsache, daß das Pferd in seiner Längsachse gerade bleibt, wenn der Ausbilder neben ihm steht und mit der Gerte die Hinterhand aktiviert.

Arbeitet man dabei ohne Ausbinder, so dreht sich das Pferd meist mit dem Kopf in Richtung des Ausbilders, so

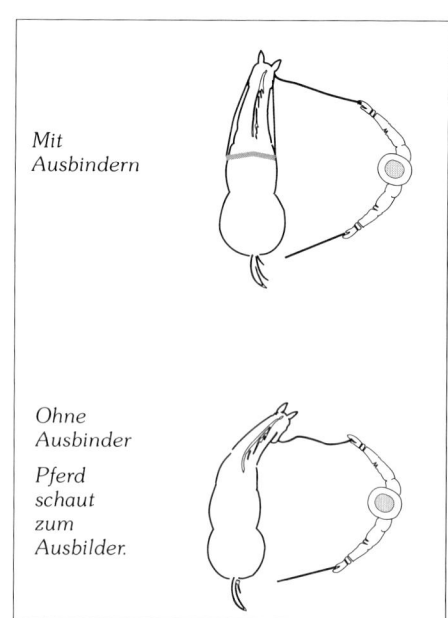

Mit Ausbindern

Ohne Ausbinder
Pferd schaut zum Ausbilder.

daß es in sich gebogen oder zumindest gestellt ist. Es hat dann die äußere Schulter frei und kann sich seitlich dem Untertreten mit dem äußeren Hinterbein entziehen. Besonders bei den Seitengängen wird das deutlich.

Er verhindert weiterhin eine zu starke Stellung und ein Abknicken im Hals, und damit ein Über-die-Schulter-Ausbrechen des Pferdes in engeren Wendungen auf dem Zirkel.

Es ist jedoch ein Trugschluß, zu glauben, man könne ein Pferd am Vorwärtsstürmen hindern, indem man es mit Ausbindern zusammenschnürt.

Stürmt ein Pferd vorwärts, so hat dies seine Ursache in einer noch mangelnden Balance oder einer entsprechenden psychischen Unausgeglichenheit. Beides ist nicht mit kurzen Ausbindern zu korrigieren.

Die Ursachen liegen vielmehr meistens in einer wie auch immer gearteten Überforderung des Pferdes und müssen ergründet werden. Eine Arbeit in freierer Bewegung mit Ablenkungsmanövern, dem Erwecken des Interesses des Pferdes für eine Aufgabe, wie im Kapitel über die Korrektur von Widersetzlichkeiten beschrieben, ist ein Weg, dem Stürmen entgegenzuwirken.

Auch das eingangs beschriebene Schließen des Pferdes kann dem Stürmen in versammelnden Lektionen entgegenwirken, wenn das Pferd sich durch Schnellerwerden anstrengender Arbeit entziehen will. Hat man es im Halten geschlossen, tritt es mit untergesetzten Hinterbeinen an – es kann also nicht sofort nach vorne stürmen. Bevor es anfängt, schneller zu werden, sollte man die Übung beenden. Beginnt man eine stark versammelnde Übung immer mit dem Schließen, so vergißt es nach einiger Zeit, daß es eigentlich den Anforderungen dieser Lektion davonlaufen wollte.

Arbeitsphasen mischen

Man kann während einer Arbeitseinheit Phasen mit Ausbindern mit solchen ohne Ausbinder mischen. Besonders, wenn man merkt, daß das Pferd beginnt, Spannungen oder Ermüdung zu zeigen. Eine Schrittpause ohne Ausbinder entspannt dann das Pferd. Ist es während der Entspannungspause hektisch und übereilt im Schritt, so kann man versuchen, es einfach nur ruhig stehen zu lassen, und es danach evtl. durch andersgeartete Übungen ablenken – z.B. indem man es über ungleich liegende Stangen treten läßt (siehe Trail- und Cavalletti-Ausbildung).

Leichtigkeit erhalten

Wichtig bei der klassischen Versammlung des Pferdes an der Hand (wie unter dem Reiter) ist die Erhaltung der taktreinen und schwungvollen Gänge und die Entwicklung der Tragkraft der Hinterhand. (Takt und Tragkraft sind auch für den Westernreiter von Bedeutung.) Oft geht jedoch die gleichermaßen wichtige Leichtigkeit einer Bewegung durch zuviel Arbeit an einer bestimmten Lektion oder einem bestimmten Problem verloren. Es ist nicht das Ziel der Arbeit, daß die versammelten Gänge aussehen, als kosteten sie das Pferd enorme Kraft. Stark versammelnde Übungen sollen demnach immer mit schwungvoller (oder auch einfach nur entspannter) Vorwärtsbewegung gemischt werden, um sie nicht zu einem Kraftakt für das Pferd ausarten zu lassen.

Dazu ist es notwendig, auch einmal neben dem Pferd herzulaufen, wenn es z.B. aus einem stark versammelten Trab mit minimalem Raumgriff in eine energische Vorwärtsbewegung, einen Trab mit starkem Raumgriff, »abgeschossen« werden soll. Dies geschieht sinnvollerweise anfangs mit Rücksicht auf den Takt in der Verstärkung auf der Geraden. Deswegen sollten auch die Ausbinder gleichlang geschnallt sein. Die richtige Länge muß bei solchen übergreifenden Lektionen ausgemittelt werden. Sie werden so verschnallt, daß eine vermehrte Aufrichtung während der versammelnden Übung gegeben ist, ohne daß die Ausbinder völlig unwirksam werden und trotzdem die Rahmenerweiterung des Pferdes in den Verstärkungen möglich bleibt.

Je nachdem, ob das Pferd mehr Schwierigkeiten mit der Versammlung oder mehr mit dem Raumgriff hat, kann man durch die Schnallung der Ausbinder das eine oder das andere forcieren. Richtet es sich ohne Probleme auf, zeigt aber Schwierigkeiten mit der

Rahmenerweiterung, so kann man die Ausbinder länger schnallen, um die Rahmenerweiterung nicht zu behindern. Umgekehrt, wenn es mehr Probleme mit der Versammlung hat, verkürzt man die Ausbinder stärker – und verlangt etwas weniger Raumgriff in der Verstärkung.

Sinn der Übung ist, neben der Entwicklung der eleganten, leichten Bewegung die Federkraft der Hinterhand zu erhöhen, die sich durch ein Biegen der Hanken (des Wirkungsgefüges aus Hüftgelenk, Kniegelenk und Sprunggelenk) wie eine Feder spannen kann und diese Spannungskraft dann in einen energischen Schub nach vorne (vermehrter Raumgriff) oder oben (vermehrte Aufrichtung) umsetzt. Die Hankenbiegung wird durch vermehrtes Untertreten des Pferdes vor allem beim Zurücknehmen von Tempo und Raumgriff erreicht. Das Pferd fängt den Schwung der Vorwärtsbewegung beim Untersetzen durch eine Biegung der Hanken auf.

Die Verstärkung des Raumgriffs kann später, wenn das Pferd gut ausbalanciert ist, auch auf dem Zirkel vorgenommen werden. Manchmal kann es sogar nötig sein, diese oft auf dem großen Zirkel zu üben: Nämlich dann, wenn das Pferd auf der Geraden dazu neigt, zu rennen und den Rücken festzuhalten, deswegen den Takt zu verlieren oder schlecht zurückzunehmen ist.

Wie bei jeder Arbeit muß natürlich auf die Gleichmäßigkeit der Ausbildung auf beiden Händen geachtet werden.

Früh genug aufhören

Außerdem sollte eine Übung möglichst beendet werden, solange das Pferd noch Reserven hat. Damit verhindert man, daß das Pferd die Lust verliert, wenn es immer bis an die Grenze seiner Leistungsfähigkeit getrieben wird. Besonders kritisch würde dies, wenn man ein schon erschöpftes Pferd eigentlich wegen eines Fehlers korrigieren müßte, es jedoch mit der Korrektur körperlich überfordern würde.

Raumgriff-Verstärkung und das Zurücknehmen des Raumgriffs sind viel besser an der Hand als unter dem Reiter zu trainieren. An der Hand kann das Pferd evtl. Balance- und Takt-Schwierigkeiten, die bei solchen Reprisen immer wieder auftreten, viel besser – erst einmal ohne Reitergewicht – ausgleichen. Es verspannt sich weniger bei den Verstärkungen; denn es muß nicht damit rechnen, wenn es selbst aus dem Takt kommt; auch noch mit einem zusätzlich (deswegen) aus dem Takt und aus der Balance geratenen Reiter kämpfen zu müssen. Das genau passiert jedoch sehr häufig beim Training der Trabverstärkungen unter dem Reiter ohne vorbereitende Longenarbeit.

Seitengänge

Beim Training von Seitengängen, wie z.B. dem Schulterherein in Schritt und Trab, wirken die Ausbinder erleichternd. Die Begrenzung, vor allem mit dem äußeren Ausbinder, verhindert, daß das Pferd einfach mit abgeknicktem Hals geradeaus läuft, statt überzutreten. Der Ausbilder kann sich dabei mehr auf die Hinterhand und den Takt konzentrieren, statt auch noch dauernd den Hals und die Schulter des Pferdes im Auge haben zu müssen.

Hinterhandarbeit

Ein gutes Mittel für die Entwicklung der Hinterhand und der Hankenbiegung ist das Rückwärtsrichten und daraus Antreten-, Antraben- und schließlich Angaloppieren-Lassen.

Anders als beim Rückwärtsschicken des

Dominanztrainings sind hier die Ausbinder wieder sinnvoll, um das Pferd geradezuhalten, wenn der Ausbilder neben ihm oder in der Mitte des Zirkels steht statt vor ihm. Durch geringe Positionsänderungen wirkt der Ausbilder bremsend bzw. vortreibend.

Feinabstimmung der Körpersprache

Wurde das Anhalten des Pferdes im Dominanztraining durch einen Schritt Richtung Hinterhand, also durch Ausweichen der Hinterhand, erreicht, so kann dies natürlich bei der differenzierten Arbeit der Versammlung nicht mehr in gleicher Weise geschehen.

Neben dem Schritt Richtung Hinterhand hat der Ausbilder beim Dominanztraining zusätzlich auch seine Arme deutlich eingesetzt, um dem Pferd die Richtung zu zeigen. Und das Pferd hat neben der Körpersprache und den grundlegenden Ausweich-

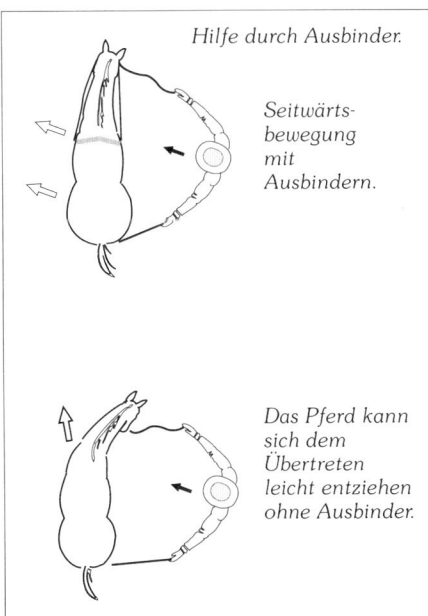

Hilfe durch Ausbinder.

Seitwärtsbewegung mit Ausbindern.

Das Pferd kann sich dem Übertreten leicht entziehen ohne Ausbinder.

manövern auch stimmliche Kommandos gelernt und sollte sie problemlos befolgen. D.h., es reagiert auf Worte wie Halt und Trab, Zurück etc., die in Verbindung mit dem Einrahmen des Pferdes durch die Führleine bzw. Longe vorne und Gerten- bzw. Peitschenhilfen hinten eingesetzt werden,

Der Ausbilder kann nun sein Pferd mit der Stimme anhalten und dabei mit der Peitsche auf das innere Hinterbein deuten. Dies ersetzt den Schritt Richtung Hinterhand, wenn das Pferd gelernt hat, feiner zu reagieren. Er kann aber auch den Longenarm heben und vor den Kopf des Pferdes zeigen und als Verstärkung die Longenpeitsche vor die Nase schwingen. Ein kräftiger »Wellenschlag« mit der Longe, dementsprechend ein Ruck am Kopf, wirkt strafend, wenn das Pferd auf ein Kommando zum Halten nicht gleich reagiert. Dabei muß man vermeiden, einen direkten Zug nach innen auf die Longe auszuüben; denn das Pferd soll ja nur anhalten – und nicht hereinkommen. Der Wellenschlag soll am Kopf des Pferdes eher nach unten wirken. (Auch das kann man erst einmal ohne Pferd üben, indem z.B. ein Helfer den Kappzaum mit eingeschnallter Longe in zwei Hände nimmt, sich ein paar Meter entfernt aufstellt und die Zugrichtung des Wellenschlages überprüft. Der Longierende wird es selbst ganz gut sehen können, denn der Kappzaum ist in den Händen des Helfers relativ frei beweglich, wird also deutlich nach innen schwingen, wenn der Schlag mit der Longe zu sehr nach innen zieht.)

Rückwärtsrichten und wieder antreten lassen an der Longe

Das Rückwärtstreten des Pferdes an der Longe wird durch eine Verstärkung der Hilfen für das Halten (Peitsche vor die Nase sowie leichter Wellenschlag) eingeleitet – und natürlich mit einem verbalen Kommando »Zurück«, »back« etc. (Peitsche vor die Nase bedeutet, wie schon erwähnt, unter Umständen einen Wechsel von Longenhand und Peitschenhand.)

Damit kann man nun sein Pferd auf der Zirkellinie anhalten, rückwärtsrichten und wieder antreten bzw. später antraben, angaloppieren lassen, ohne sich aus der Mitte heraus zu rühren. Es kann dabei ruhig leicht gebogen rückwärtsgehen – das gymnastiziert das innere Hinterbein um so besser.

Mit der Position des Ausbilders direkt neben dem Pferd können vortreibende und rückwärtstreibende Hilfen mit wenig Aufwand kurz hintereinander erfolgen. Man trainiert die sogenannte Schaukel auf Distanz. Mehrere Schritte vor – mehrere Tritte zurück. Diese Schaukelbewegung ist für das Pferd sehr schwer zu koordinieren, wechselt es doch dabei dauernd den Takt – vom Viertakt im Schritt zum Zweitakt in der Rückwärtsbewegung und zurück.

Einfacher ist es am Anfang, zwischen Vorwärts- und Rückwärtsbewegung eine genügend lange Pause im Halten einzuschieben

Hinterhandwendungen

Hinterhandwendungen sind auch in der klassischen – langsameren – Variante zu trainieren, wie im folgenden Abschnitt über die Reininglektionen beschrieben. Ob der Einsatz von Ausbindern nötig ist, muß von Fall zu Fall entschieden werden.

Gipfel der Versammlung an der Hand sind die Entwicklung der Piaffe und Passage an der Hand sowie schließlich und endlich die Schulen über der Erde.

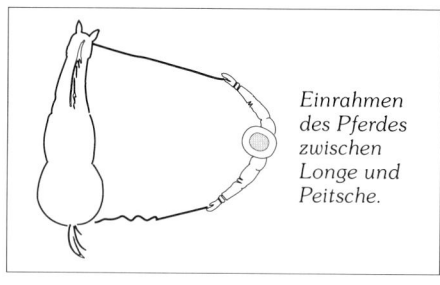

Einrahmen des Pferdes zwischen Longe und Peitsche.

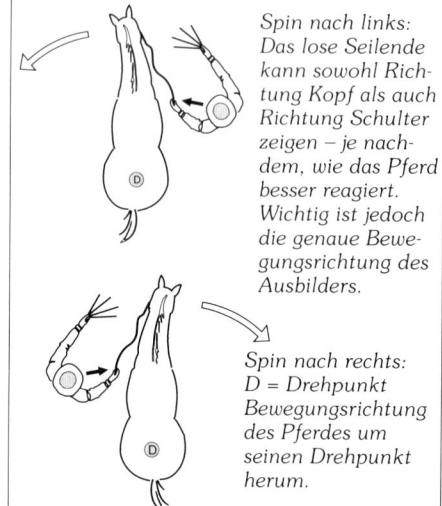

Spin nach links: Das lose Seilende kann sowohl Richtung Kopf als auch Richtung Schulter zeigen – je nachdem, wie das Pferd besser reagiert. Wichtig ist jedoch die genaue Bewegungsrichtung des Ausbilders.

Spin nach rechts: D = Drehpunkt Bewegungsrichtung des Pferdes um seinen Drehpunkt herum.

Sie sprengen jedoch den Rahmen dieses Buches. Eine Sonderstellung nimmt das Training des spanischen Schritts ein, der im Kapitel »Kunststückchen« noch behandelt wird.

Reininglektionen

Auch das Westernpferd kann in vielen spezifischen Bereichen an der Hand und Longe trainiert werden. Hierbei sollten keine Hilfszügel verwendet werden.

Spin

Das Ausweichtraining der Vorhand stellt prinzipiell das Training zur Hinterhandwendung bzw. in der schnelleren

Spin an der Hand.

Korrekte Position.

Zu weit vorn.

Pferd weicht nur mit dem Hals aus, bleibt ansonsten stehen.

Zu weit hinten.

Pferd weicht über die gesamte Längsachse aus.

laßt dieses Schütteln das Pferd, Nase und Hals ein wenig vorzustrecken und in die beabsichtigte Richtung der Wendung zu stellen. Das erleichtert es ihm, seitlich weit überzutreten.

Will man, daß das Pferd einen Spin nach rechts ausführt, so stellt man sich links neben das Pferd, nimmt das lose Strickende in die linke Hand und schüttelt mit der rechten Hand den Strick vor der Nase des Pferdes, damit es sich nach rechts stellt und aufmerksam wird. Dann setzt man sich forsch schräg Richtung Schulter des Pferdes in Bewegung. Dreht das Pferd nur den Hals weg, so stehen wir zu weit vorne (Korrektur der eigenen Bewegungsrichtung nach rechts Richtg. HH). Tritt die HH mit seitlich weg, so stehen wir zu weit hinten (Korrektur der eigenen Bewegungsrichtung nach links Richtg. Hals).

Früh genug aufhören

Man begnügt sich anfangs mit halben Drehungen und steigert später nur so viel, wie das Pferd, ohne im Fluß der Bewegung zu stocken, ausführen kann. Bald wird sich aufgrund auftretender Widerstände oder unterschiedlicher Schnelligkeit der Wendung die schlechtere, steifere Seite des Pferdes herausstellen, auf der dann noch behutsamer gesteigert werden soll.

Gut ist es immer, die Übung abzubrechen, bevor das Pferd ins Stocken gerät. Nach einigen Versuchen hat man heraus, wie lange das Pferd die Drehung durchhält – und bricht ein paar Tritte vorher ab, indem man einfach selbst stehenbleibt.

So bleibt der Drang des Pferdes in die gewünschte Bewegung erhalten. Andernfalls weiß es, daß es getrieben wird, bis es nicht mehr kann und aus dem Tritt kommt, und reagiert schließlich mit Widerwillen.

Ausführung zum Spin dar. Das lose Seilende wird jedoch aus Gründen der erforderlichen Schnelligkeit der Bewegung in der anderen Hand gehalten, um das Laufen des Ausbilders nicht zu behindern (siehe Zeichnung).

Schwierig dabei ist das gleichzeitige Beobachten des Pferdes und Korrigieren der eigenen Körperposition in der schnellen Bewegung.

Sinnvoll ist es, zum Einleiten der Hinterhandwendung bzw. des Spins die Hand mit dem Führstrick schräg vor dem Maul des Pferdes etwas zu schütteln (ähnlich der Wellenbewegung), um es auf die folgende Bewegung des Ausbilders in Richtung seiner Schulter aufmerksam zu machen. Außerdem veran-

Spin an der Hand.　　　　　　　　　　*falsch: Ausbilder zu weit vorne.*

Im Abbrechen der Übung liegt auch ein deutlicher Unterschied dieser zielgerichteten Arbeit zum grundsätzlichen Dominanztraining. Hier ist die Qualität der Bewegung gefordert, im Dominanztraining jedoch nur das Ausweichen – egal ob holperig oder elegant; nur die Richtung muß stimmen, und das Pferd muß schnell reagieren. **In der weiterführenden Arbeit müssen also das Tempo und die Qualität der Lektionen steuerbar werden.**

Roll Back

Den Roll Back übt man am besten im Round-Pen ohne Longe.

Das Pferd reagiert nur noch auf die Position des Ausbilders. Das kreisende Seilende oder eine kurze Peitsche ist jedoch auch hier noch sehr zu empfehlen, um der Körperposition Nachdruck zu verleihen. Der Roll Back ist sowohl vom Zaun weg als auch zum Zaun hin (wie er auch unter dem Reiter anfangs trainiert wird) trainierbar.

Vom Zaun weg: Angenommen, das Pferd befindet sich auf der rechten Hand. Wir machen einen Schritt auf seine Hinterhand zu. Es hält an und schaut uns an. Gehen wir nun einen Schritt zurück, wird es einen Schritt hereinkommen. In diesem Moment treten wir einen Schritt zur Seite (nach rechts), zielen von dort aus auf einen Punkt zwischen Schulter und Bauch und machen wieder einen Schritt nach vorne – damit wird es wieder heraus auf die Zirkellinie getrieben. Es befindet sich nun auf der linken Hand. Das kreisende Seilende kann nun für Tempo sorgen, so daß es schnell aus der erfolgten Wendung herauskommt.

Es ist dies die Hilfengebung für den normalen Richtungswechsel. Erfolgt der Richtungswechsel sehr schnell und wird die Phase 2 der Zeichnung, das Hereinholen des Pferdes, immer mehr verschliffen, so daß sie schließlich kaum noch vorhanden ist, so haben wir die Kurzkehrtwendung der klassischen Reiter. Wird diese später aus dem Galopp ausgeführt, stellt sie im Prinzip den Roll Back dar, eine flüssige, gesprungene Bewegung aus dem Galopp in den Galopp auf der anderen Hand.

112

Roll Back: Wendung zum Zaun ...   *... und starkes Abdrücken aus der Hinterhand.*

Diese Möglichkeit des Roll-Back-Trainings ist jedoch nicht unbedingt zu empfehlen, weil sie dem normalen Richtungswechsel zu ähnlich ist und später mit dem Training des Fliegenden Wechsels kollidieren kann, wie wir noch sehen werden.

Zum Zaun hin: das Pferd befindet sich z.B auf der linken Hand. Der Ausbilder stoppt es nun, indem er einen Schritt nach links und mehrere nach vorne, vor den Kopf des Pferdes macht. Auch damit – nicht nur mit dem Weichen der Hinterhand – blockiert er die Bewegung nach vorne. Er geht nun weiter auf den Hals des Pferdes zu, wedelt dabei mit der Gerte oder schwingt das Seilende – das Pferd dreht Kopf und Hals nach außen zum Zaun, zeigt dem Ausbilder also die linke Schulter. Auf diese geht er weiterhin zu. Das Pferd weicht aus – dreht also nach rechts weg. Es befindet sich nun auf der rechten Hand, der Ausbilder schräg hinter ihm. Er geht zurück in die Mitte des Zirkels. Mit einem aufmunternden Wort oder einem Wedeln der Gerte fordert er das Pferd zu mehr Tempo auf. Diese

Tempoverstärkung direkt nach der Wendung führt bei einer Verschleifung der Einzelteile der Bewegung mit der Zeit zu einer flüssigen Wendung, aus der das Pferd schnell herausspringt
Auch das Zeigen mit der kurzen Peitsche vor den Kopf des Pferdes, verbunden mit einem verbalen Kommando, stoppt das Pferd. Arbeitet man mit der Peitsche, so muß man sich kaum noch bewegen, um das Pferd zu stoppen und drehen zu lassen.

Das Pferd tritt natürlich bei dieser Wendung etwas mit der Hinterhand nach innen, also zurück, denn sonst könnte es sich nicht gegen den Zaun drehen. Für das Training des Roll Backs schadet dieser Schritt jedoch nichts, denn er bringt das Pferd nur zusätzlich auf die Hinterhand, bewirkt also zusätzliche Schnellkraft nach vorne, aus der Wendung heraus.

Mit der Zeit weiß das Pferd, um was es geht, und springt schon von allein herum, wenn es von vorn blockiert wird.

Bei all diesen weiterführenden Lektionen muß man sich immer um Deutlich-

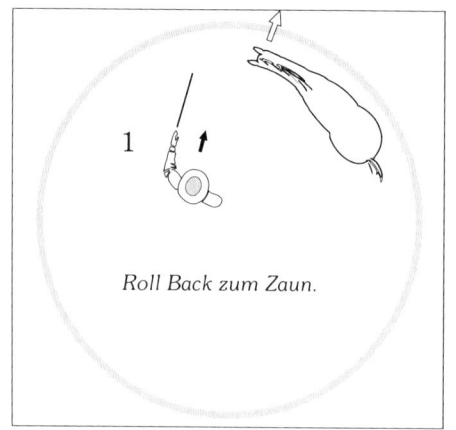

Roll Back zum Zaun.

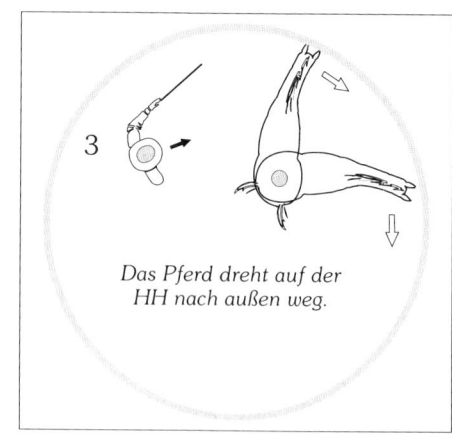

Das Pferd dreht auf der
HH nach außen weg.

Blockieren des Pferdes
vorne – Pferd schaut
nach außen, die HH
kommt herein.

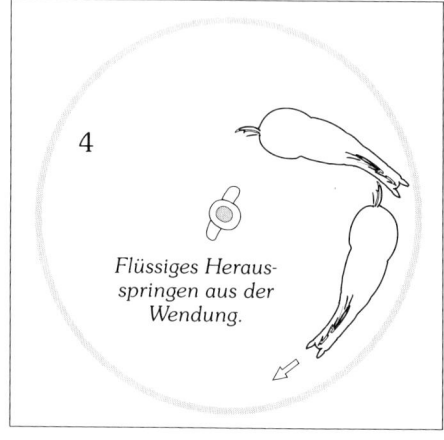

Flüssiges Heraus-
springen aus der
Wendung.

keit und fortschreitende Differenzierung der Körpersprache bemühen, damit das Pferd nichts falsch verstehen
kann. Doppelt besetzte Gesten der differenzierten Körpersprache, die z.B.
sowohl ein Stehenbleiben als aber auch
ein Stehenbleiben + Hereindrehen des
Pferdes bedeuten können, sind zu vermeiden. Zwei Signale, die eine gleiche
oder ähnliche Reaktion vom Pferd fordern, sind jedoch kein Problem – z.B.
das Anhalten des Pferdes sowohl mit
dem Blockieren von vorne als auch
durch das Weichen der Hinterhand.
So unterscheidet man also z.B.: Einfaches Anhalten, ohne daß sich das Pferd

zu uns umwendet, wird durch einen
Schritt Richtung Hinterhand und ein
Zeigen des Armes mit oder ohne kreisendes Seilende oder Peitsche gegen
die Schulter des Pferdes verlangt. Anhalten mit Hereindrehen nur mit einem
Schritt Richtung Hinterhand. Weiter
hereinkommen darf das Pferd nur,
wenn der Ausbilder es durch einen oder
mehrere Schritte rückwärts dazu auffordert. Wie weit es hereinkommen
darf, hängt davon ab, wie viele Schritte
der Ausbilder rückwärts geht. U.s.w.
Man baue sich seinen eigenen »Sprachschatz« für den Umgang mit seinem
Pferd auf. Es kommt mit zunehmender

Vertrautheit zwischen Ausbilder und Pferd nicht mehr so sehr darauf an, welche Signale man gibt, sondern nur noch darauf, daß man immer die gleichen gibt – und daß das Pferd sie verstehen und von solchen mit anderer Bedeutung unterscheiden kann.

Deswegen sollte man z.B. den Roll Back immer nur zum Zaun hin, den Richtungswechsel immer nur durch Hereinholen des Pferdes fordern. So gibt es keine Mißverständnisse.

Fliegender Wechsel

Auch der fliegende Galoppwechsel ist an der Hand zu trainieren (siehe Abbildung rechts).
Er ist prinzipiell ja auch nur ein Richtungswechsel, wie er im Trab und Schritt natürlich erst einmal geübt werden muß, damit dem Pferd klar ist, wo es hingeht. Auch hier ist die Arbeit ohne Longe im Round-Pen einfacher, weil man sich auf seinen eigenen Kör-

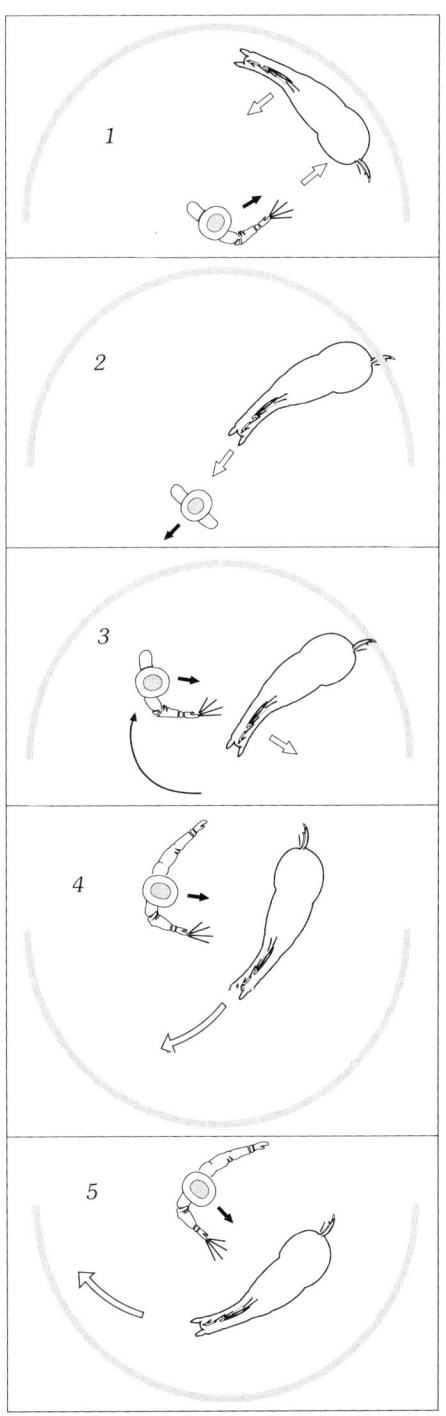

Abb. rechts: Richtungswechsel für den fliegenden Galoppwechsel (hier vom Links- galopp zum Rechtsgalopp).

Phase 1: Das Pferd galoppiert linksherum. Der Ausbilder kann das Pferd durch einen langsamen Schritt Richtung HI I oder durch einen vorsichtigen Gerteneinsatz vorn etwas bremsen

Phase 2: Der Ausbilder geht zurück und holt das Pferd damit herein (es sollte dabei im Galopp bleiben).

Phase 3 und 4: Er weicht nach links aus und läßt das Pferd an sich vorbeilaufen, geht dann sofort auf die Mittelhand des Pferdes zu – das Pferd weicht nach rechts und sollte mit etwas Übung und Talent in diesem Moment in den Rechtsgalopp umspringen.

Phase 5: Der Ausbilder treibt das Pferd nun auf die Zirkellinie zurück.

Es ist prinzipiell die Figur »Durch den Zirkel wechseln« der klassischen Reiterei.

per konzentrieren kann, und nicht zusätzlich die Longe handhaben muß, was bei einem schnellen Richtungswechsel schwierig ist.

Der Vorteil des Trainings der Wechsel ohne Reiter liegt auf der Hand: Das Pferd hat weniger Balanceprobleme ohne Reiter. Der Ausbilder stört es nicht in der Phase des Umspringens.

Natürlich wird das nicht gleich in beschriebener Weise klappen. Das Pferd wird vielleicht in den Trab fallen oder in den Kreuzgalopp springen. Das macht am Anfang nichts. Man probiert es einfach nochmals. Sollte das Pferd zu schnell werden beim Wechsel, ist auch das kein Problem; der nicht allzu große Round-Pen korrigiert dies automatisch. Dadurch, daß man das Pferd nicht durch Ausbinder in der Balance behindert, wird es keine dauernden Spannungen beim oder Ängste vor dem Wechsel entwickeln. (Beim Training unter dem Reiter kann man häufiger beobachten, daß das Pferd nach ein paar Wechseln oder Wechselversuchen den Wechsel antizipiert und/oder aus Angst vor Gleichgewichtsproblemen schneller wird.)

Wenn das Pferd den Ablauf der Bewegung begriffen hat, wenn die Bewegungen von Ausbilder und Pferd schließlich richtig koordiniert sind, so wird der Wechsel ohne Reiter mit einem halbwegs talentierten Pferd funktionieren.

Trailhindernisse an der Hand

Unser Pferd ist durch das Dominanztraining kontrollierbar geworden.

Durch das Training an verschiedenen Trailhindernissen erreichen wir wie bei klassischer Versammlung oder den Reininglektionen eine Feinabstimmung der Zusammenarbeit zwischen Ausbilder und Pferd.

Durch immer wieder neue Varianten von Hindernissen erhalten wir das Interesse des Pferdes an der Arbeit und die Aufmerksamkeit gegenüber seinem Ausbilder.

Mit dieser Art der Handarbeit an und in Hindernissen erspart sich der künftige Trailreiter viel Mühe, denn er muß viele Übungen nur noch nachreiten. Nach der Bodenarbeit hat sie das Pferd schon verstanden – weiß seine Hufe vorsichtig und gezielt zu positionieren und gerät nicht mehr so leicht aus der Fassung, wenn es doch einmal »Stangensalat« produziert oder irgendwo hängenbleibt.

Nachfolgend will ich einen Überblick über verschiedene Hindernisse geben und wie man sie – nach erfolgtem

Einfädeln in eine Stangengasse:
A gerade und B schräg (Voraussetzungen siehe Dominanztraining/Fixierung).

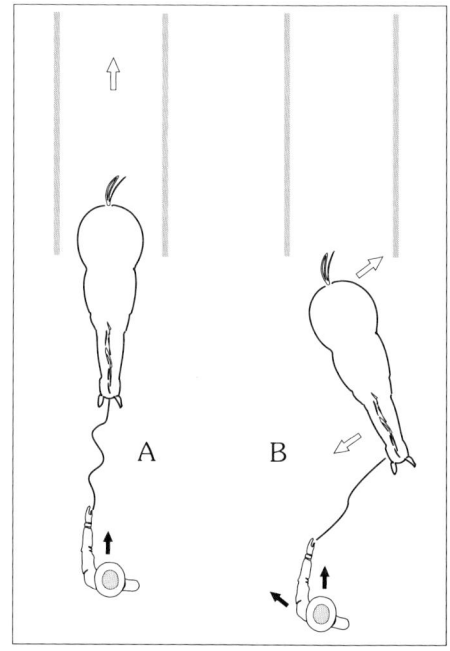

Dominanztraining – angehen kann. Manchmal kann es nötig sein, statt nur mit Körpersprache zusätzlich mit einer kurzen Peitsche oder langen Gerte zu arbeiten, wenn z.B. die Hinterhand an einer tieferen Stelle direkt touchiert werden soll. Prinzipiell sollten aber fast alle Übungen nur durch den Einsatz des eigenen Körpers gesteuert werden können. Auch hier gilt wieder das Prinzip der Minimierung der eigenen Gestik, der Hilfen – wie auch später beim Reiten.

Die Trailübungen sind auch ein gutes Betätigungsfeld für eine Arbeit ohne Führstrick. Hat das Pferd die Übungen begriffen, so kann man versuchen, es nur mit dem Einsatz der eigenen Körpersprache durch Hindernisse zu dirigieren – ohne Halfter und ohne Führstrick. Eine eindrucksvolle Vorstellung der freiwilligen Zusammenarbeit von Mensch und Pferd.

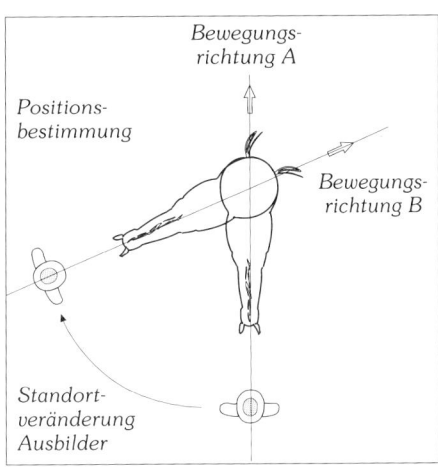

Die Übungen:
Für alle folgenden Übungen sollte ein Abstand von 1,5–2 m zwischen Pferd und Ausbilder eingehalten werden. Und es sollte keine Peitsche oder Gerte gebraucht werden.

Rückwärts durch eine gerade Stangengasse
Unser Pferd hat gelernt, sich von uns rückwärts wegschicken zu lassen, und es hat gelernt, aufmerksam unsere Bewegungen zu verfolgen. Durch unsere eigene Position geben wir ihm die Richtung an. Stehen wir geringfügig rechts von seiner Längsachse, wird es mit der Hinterhand leicht nach links ausweichen – stehen wir links davon, wird es nach rechts ausweichen; denn es ist bestrebt (aufgrund des Dominanztrainings), uns immer frontal anzuschauen, will (und soll) unsere Aktionen voll im Auge haben. Mit diesen Voraussetzun-

gen ist es ein Leichtes, das Pferd rückwärts in die Stangengasse »einzufädeln« und es dort geradezuhalten.
Später kann man dann das Pferd gewollt schräg an die Öffnung heranführen und erst kurz vorher ausrichten.

Rückwärts im Zick-Zack durch eine Tonnenreihe
Diese Übung ist schon etwas schwieriger, denn sie impliziert dauernden Richtungswechsel. Jedoch kann man dem Pferd am Anfang viel Platz für den Richtungswechsel lassen, wenn man die Abstände zwischen den Pylonen sehr groß macht. Später verkleinert man sie und fordert damit ein genaueres Manövrieren.

Positionsbestimmung
Die Position von Pferd und Ausbilder läßt sich am besten anhand der Abbildung oben studieren. Das Pferd richtet sich jeweils mit seiner Längsachse frontal zum Ausbilder aus (siehe Fixierung im Dominanztraining). Die nötige eigene Position bestimmt man dementsprechend, indem man sich an einen Punkt bewegt, der auf der gedachten neuen Richtungsgeraden und etwa 1,5–2 m

117

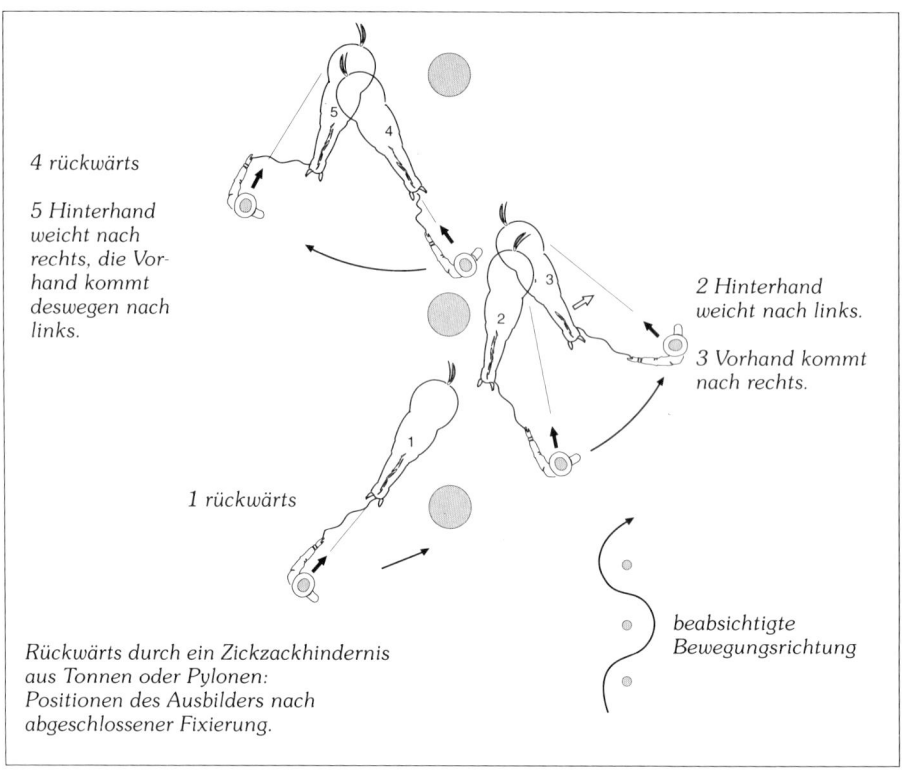

4 rückwärts

5 Hinterhand weicht nach rechts, die Vorhand kommt deswegen nach links.

2 Hinterhand weicht nach links.

3 Vorhand kommt nach rechts.

1 rückwärts

Rückwärts durch ein Zickzackhindernis aus Tonnen oder Pylonen: Positionen des Ausbilders nach abgeschlossener Fixierung.

beabsichtigte Bewegungsrichtung

vom Pferdekopf entfernt liegt. Das klingt fürchterlich mathematisch. Nach den ersten Versuchen wird man jedoch die eigenen Bewegungen ausführen, ohne groß darüber nachzudenken; denn man wird ihre Richtigkeit daran messen, ob das Pferd in gewünschter Weise reagiert.

Tut es das nicht, ist entweder das grundsätzliche Dominanztraining nur halbherzig durchgeführt worden (das Pferd ist also unaufmerksam), oder die Körpersprache und/oder die Position des Ausbilders ist nicht eindeutig genug.

Rückwärts durch das Stangen-L

Diese Übung ist eigentlich nur ein Variante des Zickzackhindernisses.

Die Schwierigkeit liegt darin, daß ein sehr zielgenaues Manöver in der recht-

winkligen Richtungsänderung erforderlich ist. Das Pferd darf nicht zu schnell werden. Dies wird vermieden, wenn sich der Ausbilder entsprechend langsam bewegt. Die Positionsänderung des Ausbilders wird dadurch zu einer langsamen Zentimeterarbeit. Sie wird jedoch mit zunehmender Übung weitgehend intuitiv erfolgen, wenn er das Pferd nicht aus den Augen läßt.

Viele Menschen machen anfangs den Fehler, sich viel zu schnell bei solchen Trailübungen zu bewegen – dies resultiert meist aus dem unbewußten Wunsch, möglichst rasch das komplizierte Hindernis hinter sich zu haben. Das wiederum kommt daher, daß man – auch, wenn es sich nur um Übungen handelt – den Wunsch nach Perfektion und einem sofortigen Gelingen hat. Da-

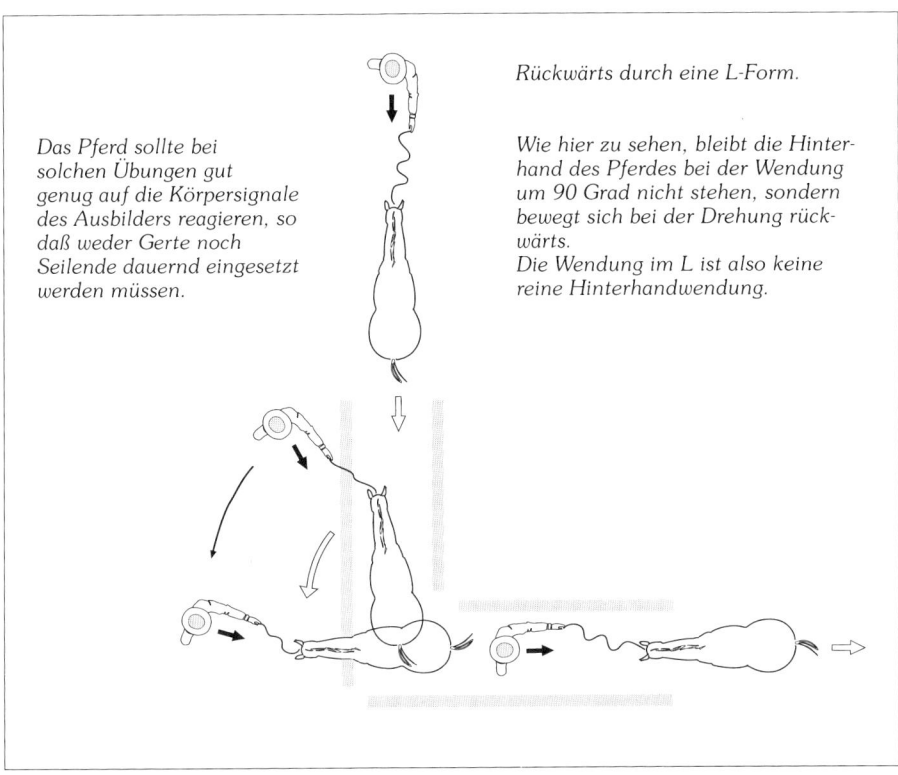

*Das Pferd sollte bei
solchen Übungen gut
genug auf die Körpersignale
des Ausbilders reagieren, so
daß weder Gerte noch
Seilende dauernd eingesetzt
werden müssen.*

Rückwärts durch eine L-Form.

*Wie hier zu sehen, bleibt die Hinter-
hand des Pferdes bei der Wendung
um 90 Grad nicht stehen, sondern
bewegt sich bei der Drehung rückwärts.
Die Wendung im L ist also keine
reine Hinterhandwendung.*

von muß man sich befreien. Es braucht nur ein wenig Selbstbewußtsein, um eventuelle Zuschauer bei mißglückten Übungen ignorieren zu können. Dem Pferd sind Fehler in diesem Bereich egal, solange man es nicht für einen Fehler bestraft, den man selbst gemacht hat – durch eine falsche Position oder mißverständliche Körpersprache. Und nur um das Pferd geht es. Nur das Pferd muß verstehen, was man will – nicht der, der am Rande der Reitbahn steht und lacht.

Immer, wenn das Pferd tatsächlich nicht aufgrund eines Fehlers des Ausbilders schlecht reagiert, sondern unaufmerksam in der Landschaft herumguckt, setzt man das kreisende Seilende ein, um es wieder aufmerksam zu machen. Hat man erst einmal grundlegen-de Erfahrungen mit diesen Lektionen, so ist man erstaunt, wie einfach das eigentlich funktioniert.

Seitwärts über eine Stange

Dazu kann man etwas näher an das Pferd herangehen. Man stellt sich neben das Pferd – hinter die Schulter. Den genauen Punkt, der dazu führt, daß das Pferd im 90-Grad-Winkel ausweicht – weder stärker mit der Hinterhand noch stärker mit der Vorhand – muß man durch Ausprobieren herausfinden.

Hat man seine Position gefunden, so setzt man sich in Richtung des Pferdes in Bewegung. Die eigene Bewegung darf jedoch nicht so schnell und forsch sein wie beim Dominanztraining, denn das Pferd soll langsam und kontrolliert ausweichen. Auch das kreisende Seil-

Bilder oben: rückwärts durchs Stangen-L.   *Bilder unten: seitwärts über Stangen.*

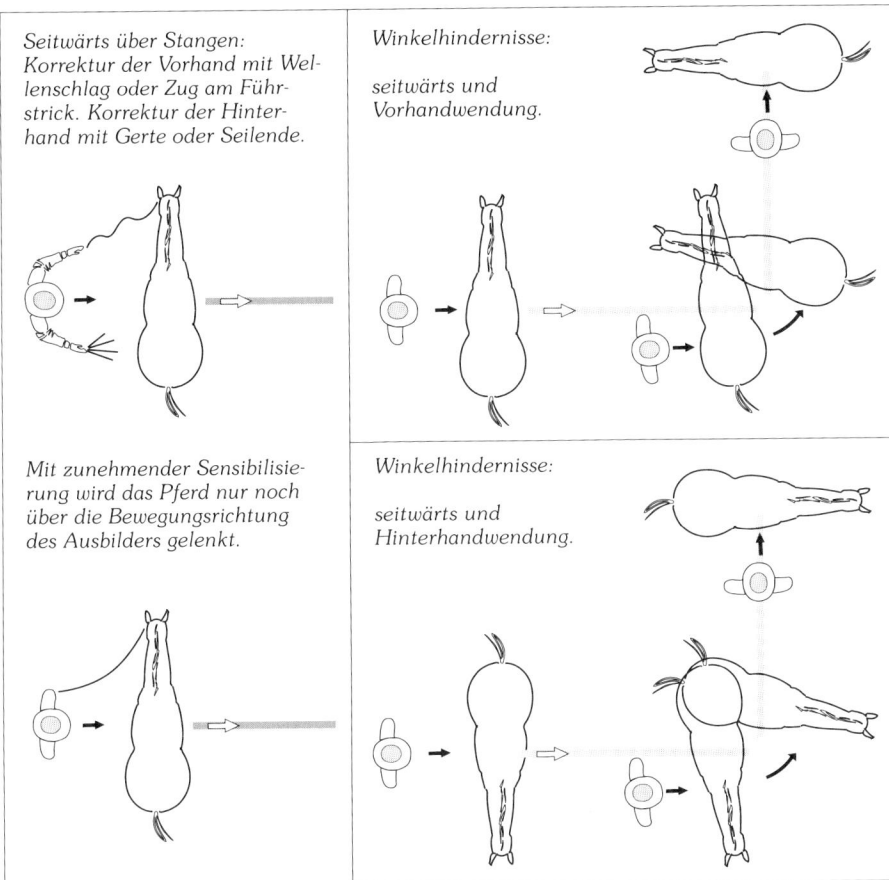

Seitwärts über Stangen:
Korrektur der Vorhand mit Wellenschlag oder Zug am Führstrick. Korrektur der Hinterhand mit Gerte oder Seilende.

Winkelhindernisse:

seitwärts und
Vorhandwendung.

Mit zunehmender Sensibilisierung wird das Pferd nur noch über die Bewegungsrichtung des Ausbilders gelenkt.

Winkelhindernisse:

seitwärts und
Hinterhandwendung.

ende muß vorsichtig eingesetzt werden. Dazu kann es manchmal nötig sein, daß man dem Pferd noch einen kleinen Anstoß gibt, der ihm signalisiert, daß es nun seitlich ausweichen soll – in Form eines Schüttelns des Führstrickes unter dem Kinn oder/und eines verbalen Kommandos, wie »Auf« oder »Komm« etc.

Seitwärts über Stangen mit Winkeln

Diese Übung stellt eine Kombination aus der Seitwärtsbewegung und der Vorhandwendung bzw. der Hinterhandwendung dar, je nachdem, in wel-

che Richtung man sie ausführt. Die richtigen Positionen ergeben sich aus dem Studium der Zeichnungen. Das Seitwärtstreten über die einzelne Stange sollte jedoch auf jeden Fall schon sicher funktionieren, bevor man diese zusammengesetzten Übungen in Angriff nimmt. Zum Einleiten der Vorhandwendung bewegt man sich Richtung Hinterhand des Pferdes, zielt, wie beim Ausweichtraining, auf den inneren Hinterhuf, jedoch langsamer und kontrollierter. Zum Einleiten der Hinterhandwendung bewegt man sich Richtung Schulter. Dabei muß man darauf achten, daß sich das Pferd nicht zum Aus-

bilder hin biegt. Es sollte in der Längsachse weitgehend gerade bleiben.
Biegt es den Hals zu sehr, so können
wir den Führstrick ein wenig schütteln
und die Hand mit diesem in Richtung
der Wendung führen.

Absolute Kontrolle der Bewegung
Stangensalat

Hat sich das Pferd eine Weile mit recht
übersichtlichen Hindernissen auseinan-
dergesetzt und absolviert sie ruhig und
aufmerksam, so kann man es etwas
stärker fordern. Man baut sich z.B. ein
Gewirr aus Stangen, alten Autoreifen,
Strohballen etc. (Man kann alles verwenden, was halbwegs ungefährlich ist,
sollte das Pferd doch einmal wild in
dem Gewirr herumspringen.) Anfangs
führt man das Pferd (einfachste Methode: Ausbilder vor dem Pferd) einfach
hindurch. In der Mitte läßt man es anhalten – es soll ruhig und ohne Aufregung stehen. Viele Pferde fühlen sich
durch das verwirrende Puzzle am Boden in ihrer freien Bewegung gehindert
und reagieren mit Angst und Hektik –
sie wollen das Hindernis möglichst
schnell wieder verlassen. Haben sie
nicht genug Respekt vor dem Ausbilder, werden sie auch versuchen, an
ihm vorbeizudrängeln. Das muß auf jeden Fall unterbunden werden. Rechnet
man mit Schwierigkeiten in solch un-
übersichtlichen Hindernissen, so kann
man diese in der Mitte entschärfen –
also offener machen.

Hat man das Pferd ein paarmal hin-
durchgeführt, so beginnt man mit der
Kontrolle der Bewegung. Man läßt das
Pferd z.B. mit dem Vorderhuf abfußen,
indem man selbst einen Schritt vorwärts macht, und blockiert sofort wieder die Bewegung, indem man abrupt
stehenbleibt. Das Pferd muß sich nun
ein freies Fleckchen suchen, wo es den

*Bilderreihe oben: seitwärts über ein Winkel-
hindernis. In Bild 3 verbiegt sich das Pferd
fehlerhaft im Hals.
unten: Ground Tying.*

Fuß hinsetzen kann. Je enger der Stangensalat liegt, desto mehr muß es überlegen. Steht es wieder auf allen vier Beinen, so setzt man die Übung fort – einen Schritt vorwärts und sofort wieder stehenbleiben.

Später schickt man das Pferd im Bogen durch das Hindernis und bleibt selbst außerhalb stehen. Auch dann noch kann man durch eine Wellenbewegung des Strickes das Pferd mitten in der Bewegung anhalten. Zusätzlich ist natürlich auch die Stimme mit einem »Halt« oder »Ho« einsetzbar. Eleganter ist die Übung jedoch ohne Stimme.

Sinn der Übung ist, später jede Bewegung des Pferdes kontrollieren zu können, auch wenn ihm eine Situation nicht geheuer ist – eine ungemein vertrauensbildende Maßnahme. Für ein künftiges Trailpferd eine hervorragende Lektion, bei der es lernt, die Hilfen des Ausbilders/Reiters abzuwarten, und nicht einfach das beängstigende Hindernis so schnell wie möglich hinter sich zu bringen.

Plastikplanen, Decken, bunte Bälle, alles, was dem Pferd Angst einjagen könnte, kann man für die Gestaltung solcher Übungen verwenden. Ab und zu wird dabei auch die Idee zu einer schönen Schauvorführung geboren.

Ground Tying

Der Ausdruck meint soviel wie »Anbinden am Boden«; das Pferd soll lernen, auf ein Signal des Ausbilders unangebunden stehenzubleiben. Idealerweise steht es so lange, bis man ihm ein gegenteiliges Kommando gibt, und der Ausbilder kann sich entfernen. Läuft es ihm nach, nimmt er den Strick auf und schickt es mit dem Wellenschlag rückwärts.

Das Signal kann z.B. so aussehen, daß man den Führstrick auf den Boden legt. Will man selbst jedoch weggehen, so muß man ihm mit einem zusätzlichen verbalen Kommado zu verstehen geben, daß es nicht, wie im Dominanztraining, folgen soll.

Ground Tying ist eine Lektion in Trailprüfungen, bei der die Ruhe und der Gehorsam des Trailpferdes getestet werden sollen. Es eignet sich auch hervorragend, wenn das Pferd kurz irgendwo abgestellt werden soll. (Für längere Pausen ist es nicht so gut geeignet – ich würde aus Sicherheitsgründen dafür doch lieber das Anbinden empfehlen.)

Prinzipiell kann es aber dauernd angewendet werden, z.B. wenn das Pferd geputzt wird. Das Anbinden bei alltäglichen Verrichtungen wird somit überflüssig. Das Pferd hat wieder jene vermeintliche Freiheit der Entscheidung, ob es stehenbleiben soll oder nicht. Wie wichtig und nützlich diese vermeintliche Freiheit sein kann, soll folgendes Beispiel verdeutlichen:

Wir hatten Schwierigkeiten mit einer Stute, die jedesmal beim Beschlagen der Hinterbeine panisch reagierte. Beschlugen wir in der Box, wie das bei Rennpferden häufig gemacht wird, wurde es geringfügig besser, war jedoch immer noch umständlich und zeitraubend.

Schließlich kam ich auf die Idee, die Stute beim Beschlagen frei auf dem eingezäunten Putzplatz stehen zu lassen. Anfangs lief sie uns mehrmals ein paar Meter weg, wenn wir einen Hinterhuf hochheben wollten. Bald hatte sie jedoch begriffen, daß sie frei war, zu tun, was sie wollte, und blieb deswegen stehen – auch beim Beschlagen hinten. Die Methode brachte zwar kein sofortiges Aufhören der Zappelei beim Beschlagen der Hinterhufe. Jedoch verschwanden die hysterischen Anfälle, bei denen das Pferd kaum kontrollierbar war. Und nach 4 Monaten war auch das Zappeln verschwunden. Heute läßt sich das Pferd problemlos beschlagen.

Schwierige Hindernisse

Schließlich kann man mit seinem Pferd auch an simulierten (Nachbauten auf dem Reitplatz) und echten Geländeschwierigkeiten trainieren. Das setzt voraus, daß man mit seinem Pferd auch an der Hand im Gelände arbeiten will, statt nur draufzusitzen. (Besonders im Winter ist die Handarbeit draußen angenehm, hindert sie doch den Reiter daran, völlig auf seinem Pferd einzufrieren, und ist gleichzeitig sinnvolle Arbeit.)

Für den künftigen Wanderreiter ist dieses Training enorm wichtig.

Mehr oder weniger steile Abhänge, Wasser, Brücken, Natur-Hindernisse, Auf- und Absprünge, wie das Billard, Wälle und ihre Abarten oder »Löcher«, in die das Pferd hineinspringen soll,

gehören dazu. Dabei ist es wichtig, daß man das Pferd gezielt – auch im Bogen – von sich wegschicken kann, wie im Dominanztraining beschrieben.

Denn man kann und sollte sich in den meisten Fällen dieses Hindernistrainings nicht vor dem Pferd befinden; die Gefahr, daß es doch einmal irgendwo ausrutscht und deswegen unkontrolliert abspringt, ist recht groß. Ein Zögern, Wegdrehen oder sonst ein Ansatz, sich um die angsterzeugende Aufgabe zu drücken, könnte das Pferd in ungesunde Nähe zum Ausbilder bringen. Es ist deswegen sinnvoll, sich nicht in seiner unmittelbaren Reichweite zu befinden – ein Pluspunkt für die Arbeit auf Distanz.

Abhänge und Stufen

Man kann mit kleinen, wenig steilen Hügeln beginnen, auf die man das Pferd – im Bogen – hinaufschickt und wieder herunterkommen läßt. Das funktioniert am langen Strick oder, braucht man mehr Raum, an der Longe. Mehr als 3–4 m sollte man jedoch anfangs nicht zwischen sich und dem

Das Pferd über eine Plastikplane schicken.

Pferd haben, damit es noch in Reichweite bleibt.

Die Verfahrensweise ist die gleiche, als ob man sein Pferd im Bogen um sich herumschickt. Der Ausbilder steht weitgehend fest auf einem Punkt und läßt das Pferd mit den Hilfen durch seine Gestik, seine Körpersprache, allein klettern.

Das Pferd soll z.B. im Rechtsbogen über die Ausläufer des Hügels laufen. (Siehe nebenstehende Abbildung)

Der Ausbilder läßt das Pferd rückwärts von sich weggehen und stellt dann die Vorhand nach rechts, indem er mit ausgestrecktem rechtem Arm in die gewünschte Richtung zeigt. Dazu übt er einen Zug auf den Pferdekopf aus. Hat das Pferd Kopf und Hals in die gewünschte Richtung gestellt, so zielt der Ausbilder mit dem Seilende (oder einer Gerte, wenn ihm das lieber ist) auf die Schulter des Pferdes und läßt damit die Vorhand nach außen weichen. Das Pferd steht nun in der gewünschten Bewegungsrichtung. Durch Zielen des Seilendes oder der Gerte hinter die Hinterhand setzt man es nun in Bewegung. Will es sich drücken und zu uns zurück, so sollte es ein Schritt in Richtung seiner Mittelhand (der Punkt auf den man für die reine Seitwärtsbewegung zielen sollte) wieder hinaustreiben.

Der Ausbilder kann das Pferd jedoch auch schräg vorwärts von sich wegschicken, als ob er es aus der Zirkelmitte wieder auf die Zirkellinie zurückschicken wollte. Er longiert also praktisch das Pferd über den Hügel. Hat er nach allen Seiten genug Platz, so ist dies die einfachere Methode.

Soll das Pferd einen steileren Abhang hinuntergehen, so kann man es auch von oben hinunterschicken. Man be-

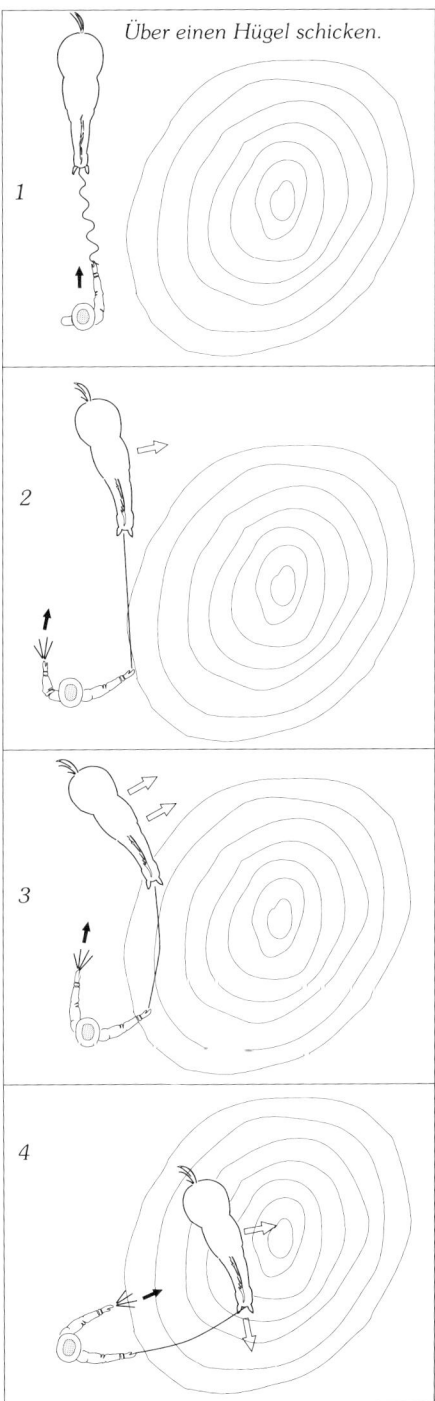

Über einen Hügel schicken.

1

2

3

4

Kontrolle des Pferdes auf einer Plastikplane.

Anhalten des Pferdes in der Mitte eines Hindernisses.

dient sich dabei der Methode, das Pferd von hinten zu führen. Hierbei sollte man eine Longe verwenden, um noch genug Seilreserve zu haben, wenn das Pferd zu schnell hinunterläuft.

Ob später ein Billard, eine Senke oder mehrstufige Auf- und Absprünge (mehrstufige Wälle o.ä.) verwendet werden, um das Pferd darüber oder von dort herunter zu schicken, ist gleichgültig.

Funktioniert das Grundprinzip, so funktionieren auch alle Abwandlungen. Im Zuge einer vernünftigen Staffelung, die die Arbeit erleichtert, sollte man jedoch nicht gerade mit Dingen beginnen, vor denen das Pferd bekanntermaßen viel Angst hat. Natürlich stellen sich manche von diesen angstbesetzten Hindernissen auch erst während der Arbeit heraus – da muß man dann durch (ohne die Geduld zu verlieren und das Pferd zu hetzen).

Rückwärts hinauf und hinunter

Kann man das Pferd vorwärts über viele verschiedene Hindernisse schicken, so beginnt man damit, es auch rückwärts Hindernisse hinauf und hinunter zu schicken.

Dazu eignen sich Abhänge und niedrige Stufen ohne scharfe Kanten.

Besonders Stufen stellen eine enorme

Forderung für das Pferd dar. Man mache sich klar, daß das Pferd direkt hinter sich nichts sieht. Es muß sich also darauf verlassen, daß der Ausbilder es nicht in den Abgrund schickt. Dazu gehört ein enormes Vertrauen. Wie sehr das Pferd uns vertrauen muß, kann man einmal am eigenen Leibe ausprobieren, wenn man sich von einem Helfer in unebenem Gelände eine Weile mit verbundenen Augen führen läßt. Noch interessanter wird das Experiment, wenn der Helfer versucht, mit immer weniger Führungshilfen auszukommen. Das führt dazu, daß sich der blinde Geführte immer stärker auf den Führenden konzentrieren muß. Das ist prinzipiell der gleiche Effekt, den wir mit der Verringerung der Signale bei der Bodenarbeit und mit der Minimierung der Hilfen unter dem Reiter haben wollen; das Pferd konzentriert sich immer stärker auf den Ausbilder.

Doch zurück zum Geländetraining:

Das Hochschicken des Pferdes einen flachen Hügel ohne irgendwelche Stufen oder große Unebenheiten hinauf wird wenig Probleme bereiten, denn es wird nie den Grund unter den Hinterhufen verlieren. Das Hinunterschicken kann mehr Probleme verursachen.

Beginnen kann man wieder mit einem

nicht allzu steilen Hügel, auf dessen Kuppe Pferd und Ausbilder voreinander stehen können. Der Ausbilder schickt nun das Pferd in gewohnter Manier mit dem Wellenschlag rückwärts von sich weg. Es wird zögern, wenn es mit dem Hinterhuf ins Leere tritt, und versuchen, sich wieder nach vorne zu bewegen. Man unterbinde nun nur die Vorwärtsbewegung und forciere die Rückwärtsbewegung nicht. Es braucht Zeit, um seine Unsicherheit zu überwinden, und wird schließlich langsam mit dem Hinterhuf tasten, wo es wieder Grund findet, und ihn probeweise dort abstellen – meist, noch ohne viel Gewicht darauf zu verlagern. Dann lasse man es einen Moment stehen und das Geschehene verarbeiten. Sieht es ruhig und zufrieden aus, so fordere man weitere Schritte, bis das Pferd unten ist.

Später kann man steilere Hügel aussuchen und die Prozedur wiederholen.

Stufen rückwärts

Richtig schwierig wird es, wenn sich auf einem Abhang kleine Stufen befinden. Soll das Pferd eine Stufe rückwärts hinaufgeschickt werden, so beginne man mit einer ganz niedrigen (14–18 cm). Auf keinen Fall darf sie scharfkantig sein, denn es wird sich häufig mit dem Fesselgelenk daran stoßen. Es weiß ja nicht, wie hoch die Stufe ist, muß also probieren, wie hoch es das Hinterbein anheben soll, um den vom Ausbilder geforderten Tritt nach hinten machen zu können.

Anfangs ist ein Pferd völlig verwirrt. Es stößt schließlich mit dem Huf dauernd gegen ein Hindernis – muß also denken, es geht nach hinten nicht weiter – und die Forderung des Ausbilders in Frage stellen. Der darf nun auf keinen Fall die Übung abbrechen, denn das bedeutet einen Vertrauensverlust. Das Pferd hat eine Forderung des Ausbil-

Rückwärts einen Abhang hinunter schicken.

Rückwärts einen Abhang hoch.

ders in Frage gestellt, für undurchführbar gehalten und nach seiner »Meinung« gehandelt. Es wird dies daraufhin später noch öfter tun.

Setzt man seine Versuche, das Pferd zu einem Schritt nach oben zu bewegen, geduldig fort, wird es irgendwann das Bein hoch genug heben, um über der Stufe wieder Platz zu einem Schritt nach hinten zu spüren. Es wird nicht gleich den Huf oben auf der Kante aufsetzen; aber es hat nun gemerkt, daß die Forderung des Ausbilders nicht undurchführbar ist.

Der Ausbilder darf nun nicht denken, der Rest müsse ganz schnell gehen. Er muß dem Pferd weiterhin die Möglichkeit geben, sich langsam heranzutasten, und darf es nicht bedrängen, indem er ihm zu nahe rückt.

Eine gute Grundübung auf dem Reitplatz ist es, das Pferd rückwärts über eine quer auf dem Boden liegende Hindernisstange zu schicken. Auch hier spürt es ein Hindernis für die geforderte Bewegung . Es befindet sich im Konflikt zwischen dem, was das Leittier, der Ausbilder, von ihm will, und dem, was es selbst für möglich hält. Da es sich den Forderungen des Leittiers nicht widersetzen kann (zumindest, wenn die Dominanz vollständig geklärt ist), muß es sich etwas einfallen lassen, wie es den Konflikt lösen kann. Der Ausweg ist das höhere Anheben des Hinterbeines. Das Aha-Erlebnis des Pferdes ist – vermenschlicht ausgedrückt – etwa folgendes: Auch, wenn ich die Forderung des Ausbilders für undurchführbar halte, so gibt es einen Weg, sie auszuführen. Ein weiterer Schritt Richtung unbedingtes Vertrauen.

Noch schlimmer ist der Schritt rückwärts eine Stufe hinunter. Das Pferd tritt ins Leere und weiß nicht, wie tief.

Es bringt nicht viel, wenn man das Pferd die gleiche Stufe, die es später rückwärts hinuntergehen soll, erst einmal hinaufführt.

Als Beispiel mag meine Vollblutstute

Das Pferd widersetzt sich kurz und stampft unwillig mit dem Vorderbein auf.

dienen, die rückwärts in ihre eigene Box gehen sollte. Diese lag etwa 10 cm tiefer als der davorliegende Putzplatz. Die kleine Stufe überwand sie jeden Tag vorwärts. Ich dachte mir also nicht viel dabei, den Boxeneingang als vertraute Umgebung für die erste Übung zum Stufentraining zu wählen.

Die Prozedur kostete mich eine Dreiviertelstunde Zeit und durch den nachfolgend beschriebenen Fehler, den ich dabei machte, einige Nerven, brachte jedoch den praktischen Beweis dafür, daß das Pferd bei der Arbeit auf Distanz auch bei kniffligen Übungen ruhig bleibt, während es sich durch zuviel Nähe bedrängt fühlt und in Angst gerät. Die Stute ließ sich brav rückwärts an den Boxeneingang dirigieren. Ich hatte etwa einen Meter Abstand zu ihr. Als ihr Hinterbein ins Leere trat, stockte sie und kam einen kleinen Schritt in meine Richtung zurück. Durch eine Wellenbewegung des Strickes hielt ich sie an und dirigierte sie wieder rückwärts an die

Stufe heran. Dort ließ ich sie eine Weile stehen und »nachdenken«. Von Zeit zu Zeit versuchte ich einen weiteren Schritt nach hinten zu erreichen, indem ich den Strick wieder in Wellenbewegung versetzte. Schließlich tastete sie mit dem Hinterbein herum und setzte es kurz in der tieferliegenden Box auf. »Jetzt hast du gewonnen«, dachte ich mir – »es kann sich nur noch um Minuten handeln.« (Es waren etwa 10–15 Minuten vergangen seit Beginn der Übung.)

Und mit diesem Gedanken wurde ich ungeduldig. Ich setzte voraus, daß das Pferd ja nun kapiert hatte, daß mein Befehl nicht undurchführbar war. Die Stute zögerte jedoch weiterhin. Ich gab daraufhin meine Distanz zu ihr auf und versuchte, sie aus Ungeduld durch schnelles hintereinanderfolgendes Anpieken mit zwei Fingern in die Brust in die Box zu bugsieren. Mit dem Erfolg, daß sie mich aus Panik fast umrannte, als sie nach vorne wegschoß. Ich hatte

129

sie einfach zu sehr eingeengt, und sie reagierte darauf mit Angst. Sie sah keinen Ausweg außer dem nach vorne, an mir vorbei.

Die nächste halbe Stunde verbrachte ich hauptsächlich damit, das Pferd wieder zu beruhigen und (diesmal wieder mit angemessenem Abstand) ruhig mit den Hinterbeinen am Boxeneingang stehenzulassen. Als sie sich wieder beruhigt und das Hinterbein ein paarmal probeweise ausgestreckt hatte, ging sie dann auch ohne große weitere Probleme rückwärts die Stufe hinunter.

Soviel zum Thema Ungeduld und der Meinung, das müsse doch ein Pferd »nun endlich« verstanden haben.

Das Training an Abhängen und anderen natürlichen Gegebenheiten kann sich sehr hilfreich erweisen, wenn man sein Pferd an der Hand an Bäche oder Wassergräben gewöhnen will.

Man kann sein Pferd hineinschicken, ohne selbst nasse Füße zu bekommen.

Bevor man es jedoch ins Wasser schickt, sollte man sich über die Tiefe und die Bodenbeschaffenheit des Gewässers im klaren sein. Es dient nicht dem Vertrauen des Pferdes, wenn es zwei Schritte ins Wasser macht und sofort den Boden unter den Füßen verliert.

Cavallettiarbeit und Springgymnastik

In gleicher Weise wie die Gelände- und Trailarbeit kann auch das grundlegende Springtraining des Pferdes erfolgen.

Besonders die Cavallettiarbeit und einzelne kleine Sprünge an der Hand sollen hier beschrieben werden. Beides ist mit Trailübungen mischbar, wie wir noch sehen werden.

Die Zielsetzung soll die Kontrollierbarkeit des Pferdes vor und nach kleinen Sprüngen sein sowie eine weitergehende Entwicklung der Balance und des Einsatzes der Hinterhand.

Der Round-Pen ist für Arbeit an Cavallettis und Sprüngen sehr geeignet. Man

Führen über Stangen.

kann das Pferd völlig frei arbeiten lassen, ohne es bei einer unkontrollierten Bewegung, einem Zögern oder einem erschreckten Hopser mit einem unbeabsichtigten Ruck auf der Nase zu stören. Es handelt weitgehend eigenverantwortlich. Jedoch sollte diese Arbeit schon im Round-Pen geübt worden sein, bevor man sich mit den Hindernissen auseinandersetzt; denn das Pferd muß auch ohne Longe anzuhalten und hereinzuholen sein. Sein Tempo muß weitgehend kontrollierbar sein u.s.w. Daß für das Cavalletti- und Springtraining keine Ausbinder oder andere Hilfszügel verwendet werden, versteht sich von selbst, denn sie behindern das freie Dehnen des Halses nach vorne-unten. Hat man keinen Round-Pen zur Verfügung, so kann man sich mit einem Zirkel aus Strohballen oder abgespannten Ecken in einem quadratischen Platz behelfen.

Das Führen oder Longieren im Schritt über eine oder mehrere Stangen sollte den Übungen im Trab und Galopp vor-

ausgehen. Mit Verändern des Abstandes der Stangen zueinander kann man die Schrittlänge korrigieren. Ein eiliges Pferd wird mit kürzeren Abständen verlangsamt, ein faules mit längeren etwas flotter gemacht. Bei Pferden, die überhaupt nicht aufpassen wollen, legt man die Abstände ungleich oder/und Teile der Stangen höher als andere.

Beim Stangentreten im Trab kann man für unaufmerksame Pferde auch die Höhe der Cavalletti variieren und manche höher als andere legen. Das erhält die Aufmerksamkeit des Pferdes. Die Abstände zueinander sollten jedoch nicht, wie es im Schritt sein kann, ungleich sein, denn Taktfehler im Trab und Verspannungen aufgrund von gestörtem Bewegungsfluß sind die Folge.

Ist das Pferd in Schritt und Trab hinsichtlich Tempo und Takt gut kontrollierbar, beginnt man mit der Galopparbeit. Die Abstände zwischen den Cavalletti sollen dem mittleren Galopp-

Ein kleiner Hopser über ein Cavaletti an der Hand.

sprung des betreffenden Pferdes entsprechen.

Nach den ersten Übungen mit einer bis schließlich vier ganz flach liegenden Stangen, über die das Pferd ruhig und ohne den Takt zu verändern galoppieren sollte, kann man z.B. das letzte Cavalletti höherlegen, so daß es kraftvoller abspringen muß.

Um die Aufmerksamkeit zu erhöhen, kann auch einmal die zweite oder die erste Stange höher als die anderen sein – aber erst, wenn das Pferd genug ausbalanciert ist, um solche »Unebenheiten« auszugleichen.

Höhere Sprünge sollten im Round-Pen nicht trainiert werden, denn das Pferd befindet sich immer auf einer Kreislinie, ist also vor, über und nach den Stangen bzw. Sprüngen immer leicht gebogen.

Ist das Pferd gut ausbalanciert, hält man es nach einer Cavallettireihe im Trab oder Galopp an (entweder Schritt Richtung Hinterhand oder Blockieren der Vorwärtsbewegung durch ein Bremsen mit dem eigenen Körper, indem man schräg vor den Kopf des Pferdes tritt oder dem Pferd die Peitsche vor die Nase hält). Stimmliche Kommandos sind als Ergänzung immer gut. Was für eine Gestik für das jeweilige Pferd in der jeweiligen Trainingssituation am sinnvollsten ist, merkt man recht schnell.

Das Anhalten nach forcierter Bewegung und starker Dehnungshaltung über Sprüngen gymnastiziert ungemein.

Will man sehr vielseitig mit seinem Pferd arbeiten, so kann man sich verschiedene Parcours zusammenstellen, die Trailhindernisse, kleine Sprünge und Gehorsamsübungen enthalten,

und diese an der Hand absolvieren. Man könnte sich auch eine »Dressuraufgabe« an der Hand vorstellen, bei der natürlich die Beweglichkeit und Kondition des Menschen auch berücksichtigt werden müssen.

Vorführungen am langen Zügel sowie die Prüfung »Showmanship at Halter« der Westernreiter tragen den Möglichkeiten der Bodenarbeit Rechnung.

Springgymnastik ist auch an der Hand, am Halfter und langem Strick, möglich
Diese Übung am Führstrick sollte nur im Schritt oder Trab ausgeführt werden.
Zur Galopparbeit empfiehlt sich immer der Round-Pen.

Arbeit mit der Doppellonge und am langen Zügel

Die Begriffe »Arbeit an der Doppellonge« und »Arbeit am langen Zügel« (auch Fahren vom Boden genannt) unterscheiden sich eigentlich nur dadurch, daß bei der Longenarbeit der Ausbilder in der Mitte des Zirkels stehenbleibt, bei der Arbeit am langen Zügel jedoch schräg hinter dem Pferd mitläuft, sowie in der Länge des Weges zwischen Maul des Pferdes und Hand des Ausbilders.

Bei der Arbeit am langen Zügel wird, wie schon der Name »langer Zügel« sagt, die Arbeit des Reiters simuliert, ohne sein Gewicht, jedoch mit der Möglichkeit, die Zügelhilfen so zu geben, wie er sie auch geben würde, wenn er draufsäße.

Doppellonge und langer Zügel werden deswegen in die Trense eingeschnallt. Es ist jedoch auch möglich, statt mit der Trense mit einem Sidepull zu arbeiten. Besonders, wenn man sich seiner ruhigen Hand nicht völlig sicher ist, schont man bei der Arbeit mit dem Sidepull das Maul des Pferdes.

Wir haben hier die klassische Version des »Führens von hinten« (wie in Kapi-

Gebrauchshaltung nach Achenbach – die rechte Hand ist frei für die Peitsche.

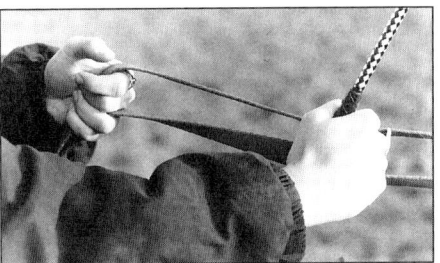

Zügel- bzw. Leinenlänge verändern, indem die rechte Hand vor die linke greift und die linke so die Zügel durchgleiten lassen kann.

Die gleiche Bewegung von der anderen Seite.

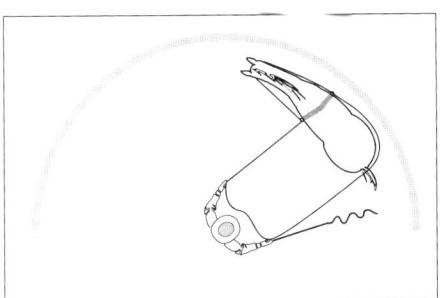

Arbeit an der Doppellonge auf dem Zirkel – die Peitsche wird aus dem Handgelenk benutzt.

Dressurhaltung: Die rechte Hand zieht die rechte Leine bzw. den Zügel etwas aus der linken Hand heraus.

133

Arbeit am langen Zügel.

tel Herdenverhalten ausgeführt) mit dem zusätzlichen Nutzen der feinen Dosierbarkeit der Zügelhilfen.

Durch die langen Wege zwischen der Hand des Ausbilders und dem Maul des Pferdes ist jedoch die Arbeit mit der Doppellonge nicht unproblematisch und erfordert viel Gespür für das, was von einer Bewegung der Hand des Ausbilders im Maul des Pferdes ankommt. Die Handhabung der manchmal zusätzlich verwendeten Gerte oder Peitsche ist schwieriger als beim einfachen Longieren; denn ihr Einsatz muß aus dem Handgelenk erfolgen und darf keine Auswirkungen auf das Maul des Pferdes haben. Hin und wieder wird es auch nötig sein, beide Zügel in eine Hand zu nehmen, um eine ausgreifendere Peitschenhilfe geben zu können. Eine einhändige Zügelführung, wie in Abb. Seite 133 abgebildet, oder auch die Zügelhaltung nach Achenbach aus dem Fahrsport kann hilfreich sein, wenn viel mit Gertenhilfen gearbeitet werden soll. Die Gerte zeigt dabei unbenutzt jeweils schräg nach vorne-oben.

Longe oder langer Zügel laufen durch die Ringe des Longiergurtes.

Je nach Ausbildungsstand des Pferdes werden sie höher oder tiefer durchgezogen. Die Höhe ist vergleichbar mit der Höhe der Ausbinderschnallung – je höher sich das Pferd aufrichten kann, desto höher der Ring am Longiergurt, der für die Arbeit verwendet wird.

Die Berührung der Longe an den Hinterbeinen wird man manchem Pferd erst schonend beibringen müssen. Ein Helfer kann es dafür bei den ersten Versuchen festhalten. Ein Pferd, welches sich mit der Gerte am ganzen Körper berühren läßt und das Aussacken hinter sich hat, sollte jedoch auch bei der Longe keine Schwierigkeiten machen.

Die Arbeit mit der Doppellonge kann bei bestimmten Problemen helfen, besonders, wenn kein Round-Pen zur Verfügung steht. Neigt ein Pferd z.B. zum Ausfallen mit der Hinterhand, biegt sich also – besonders in engeren Wendungen – schlecht, so kann die zweite Longe die Hinterhand außen begrenzen. Überhaupt können Wendungen mit dem langen Zügel und der Doppellonge sehr differenziert und kontrolliert ausgeführt werden.

Nachgeben, wenn das Pferd sich strecken will....

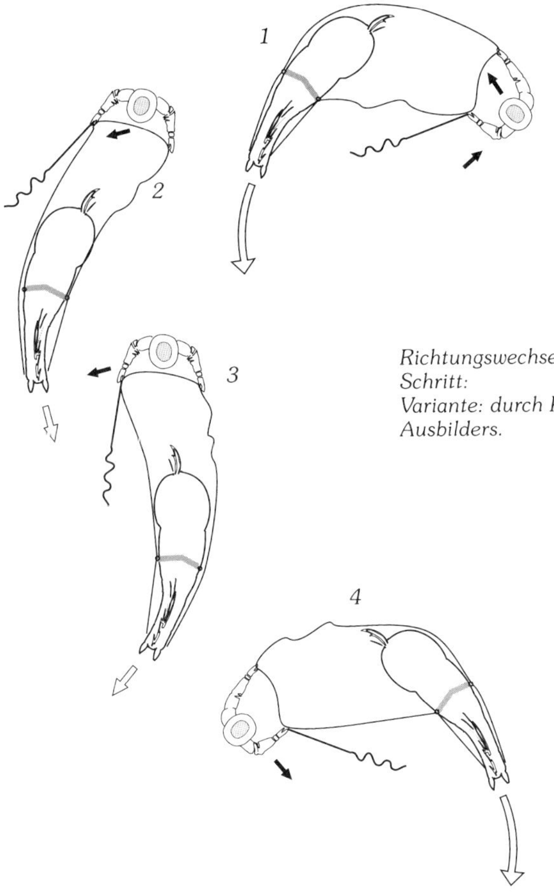

Richtungswechsel am langen Zügel im Schritt:
Variante: durch Positionswechsel des Ausbilders.

135

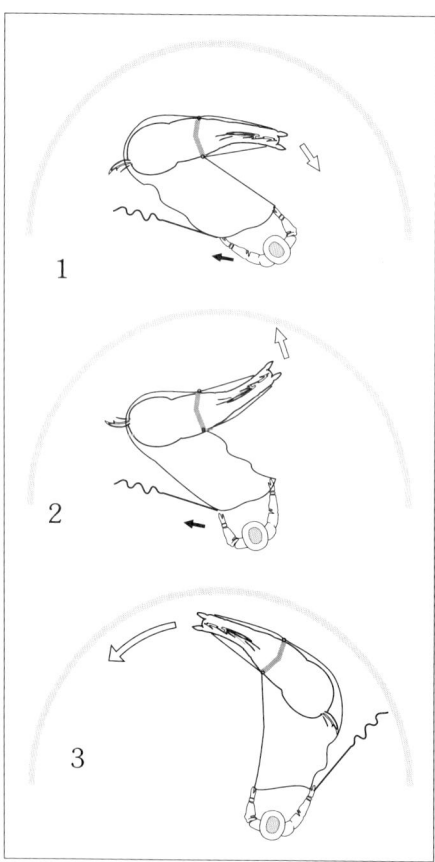

Richtungswechsel an der Doppellonge auf dem Zirkel im Schritt:
1. Pferd etwas nach innen holen durch Annehmen des rechten Zügels, links nachgeben.
2. Pferd umstellen nach außen (links), rechts nachgeben, Ausbilder läuft etwas nach links.
3. Das Pferd läuft nun in die entgegenge-setzte Richtung.

Auch ein Rückwärtsrichten auf der Zirkellinie, ohne daß sich der Ausbilder aus dem Mittelpunkt entfernt, kann mit der Doppellonge einfacher durchgeführt werden; denn man kontrolliert die Längsachse besser, kann immer auf der Seite, auf der sich das Pferd steif machen, also seitlich mit der Hinterhand heraustreten will, die Longe/den Zügel etwas mehr annehmen.

Mit dem langen Zügel kann man das Pferd auch rückwärtsrichten, wenn man direkt hinter ihm steht – also die Position des Reiters ziemlich genau nachempfindet. Mit einem verbalen Kommando kann man nun das Pferd zum Rückwärtstreten auffordern. Reagiert das Pferd schlecht, so kann man mehrmals hintereinander ein wenig Druck aufbauen und wieder nachgeben, wie bei einer Parade unter dem Reiter. In begrenztem Maße kann man auch die Zügel, ähnlich dem Wellenschlag, etwas schütteln. Jedoch kommt von dieser Bewegung nur ein kleiner Teil am Pferdekopf an, denn die Ringe am Longiergurt schlucken den Rest.

Auch beim Rückwärtsrichten mit Standpunkt direkt hinter dem Pferd hat man – im Gegensatz zum Rückwärtsrichten des freien Pferdes oder des mit Ausbindern geradegestellten Pferdes – bessere Möglichkeiten, das gleichmäßige Untersetzen der Hinterhand bei vermehrter Aufrichtung zu kontrollieren.

Zusätzlich ist das gebogene Rückwärtsrichten, welches die Westernreiter im Hinblick auf ein starkes Untersetzen des inneren Hinterbeines unter dem Reiter praktizieren, mit dem langen Zügel gut möglich. Beim Rückwärtsgehen mit dem Führstrick ist zwar die Richtung gut durch die Körperposition des Ausbilders steuerbar, nicht jedoch die Biegung. Es handelt sich bei dem gelenkten Rückwärtsrichten – in Trailhindernissen beispielsweise – auch grundsätzlich nicht um gebogenes Rückwärtsrichten; das Pferd ist vielmehr in sich weitgehend gerade und führt die Wendungen durch gegenläufige Bewegungen von Vorhand und Hinterhand aus.

Travers/Renvers

Einen besonderen Vorteil bietet der lange Zügel beim Seitwärtstreten mit in

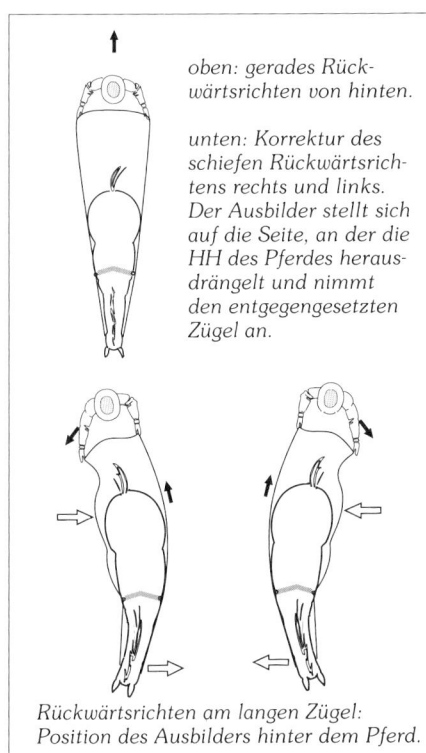

*oben: gerades Rück-
wärtsrichten von hinten.*

*unten: Korrektur des
schiefen Rückwärtsrich-
tens rechts und links.
Der Ausbilder stellt sich
auf die Seite, an der die
HH des Pferdes heraus-
drängelt und nimmt
den entgegengesetzten
Zügel an.*

*Rückwärtsrichten am langen Zügel:
Position des Ausbilders hinter dem Pferd.*

*Rückwärtsrichten mit dem langen Zügel:
Position des Ausbilders seitlich vom Pferd.*

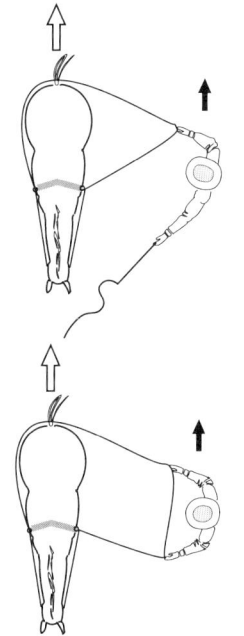

*Einhändige
Zügelführung
und Einsatz
der Gerte oder
Peitsche.
(Ausbilder be-
wegt sich in
die gleiche
Richtung wie
das Pferd.)*

*beidhändige
Zügelführung*

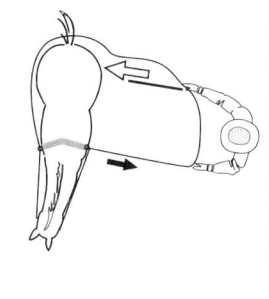

*Korrekturen
an der Longe*

*Pferd drän-
gelt mit der
HH zum Aus-
bilder. Der
linke Zügel
wird verkürzt,
rechts nach-
gegeben und
die HH
nötigenfalls
mit der Gerte
nach außen
getrieben.*

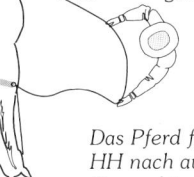

*Das Pferd fällt mit der
HH nach außen:
Der rechte Zügel wird
verkürzt, links nach-
gegeben.*

Bewegungsrichtung gestelltem Pferd,
der Traversale, bzw. dem Travers und
Renvers. Diese Bewegung ist eigentlich
nur mit dem Handwerkszeug des langen Zügels vom Boden aus durchzu-
führen.

Mit dem starr ausgebundenen Pferd
sind Stellung und Biegung sowie das
Übertreten nicht fein genug kontrollierbar. Mit dem freien Pferd am Halfter ist
sie gar nicht steuerbar. Hier hat die
natürliche Methode auf jeden Fall ihre
Grenzen.

Prinzipiell ist die Arbeit mit dem langen
Zügel ein Instrument für die vermehrte
Versammlung des Pferdes, welches
schon gelernt hat, einem Druck im Maul
in gewünschter Weise nachzugeben.

Doppellonge und langer Zügel sind das
Werkzeug desjenigen, dessen Pferd

grundsätzlich gymnastiziert und gehorsam ist (durch Dominanztraining und grundsätzliche Longenübungen mit dem meist unausgebundenen Pferd sowie Lektionen im Round-Pen) und dem die Arbeit mit Ausbindern für die Versammlung des Pferdes zu starr und unflexibel ist. Es gibt einige versammelnde Lektionen, die mit dem langen Zügel sehr viel effektiver und feiner gesteuert und ausgeführt werden können als mit Ausbindern – vorausgesetzt, man kann feinfühlig mit diesem Handwerkszeug umgehen.

Besonders der extreme Wechsel von Verkürzung und Verstärkung des Raumgriffs z.B. in den Trabreprisen –

von starker Versammlung zu Mitteltrab oder starkem Trab – kann mit dem langen Zügel sehr viel besser trainiert werden. Die Probleme mit der nie ganz richtigen Ausbinderschnallung für Raumgriff und starke Versammlung entfallen, da der Ausbilder je nach Bedarf nachgeben kann.

Die Handhabung des langen Zügels sollte unbedingt ohne Pferd geübt werden. Man kann einen Helfer bitten, als »Pferd« vor uns herzulaufen, um das richtige Nachgeben und Annehmen sowie das saubere Verkürzen und Verlängern der langen Zügel bzw. der Doppellonge zu üben, ohne »Zügelsalat« zu fabrizieren.

Kunststückchen und Spielereien

Neben der zielgerichteten Arbeit macht es auch immer wieder Spaß, einmal auszuprobieren, wo das Pferd evtl. verborgene Talente besitzt.

Spanischer Schritt

Neigt es z.B. dazu, unwillig mit dem Vorderbein aufzustampfen, wenn ihm etwas nicht gefällt, oder hebt es das Bein mit einem Ansatz zum Scharren, wenn es auf sich aufmerksam machen will, so kann man diese Bewegung meist recht leicht entwickeln, d.h. abrufbar machen. Von der Abrufbereitschaft zum spanischen Schritt an der Hand braucht es dann nur noch ein wenig Geduld und einen Blick für den ungestörten Rhythmus der angestrebten Bewegung. Dazu ist es wiederum nötig, sich verschiedene Pferde im spanischen Schritt (auf Video oder in natura) anzusehen, den Rhythmus zu analysieren – in seine Einzelteile zu zerlegen – und schließlich als Idealbewegung in

seiner inneren Leitbilddatei abzuspeichern. Tut man das nicht, so läuft man Gefahr, dem Pferd einen verqueren Bewegungsablauf beizubringen.

Das Heben und Nach-vorne-Strecken des Vorderbeines ist schnell abrufbar zu machen. Hier empfiehlt es sich, zuerst den sensibelsten Punkt am Vorderbein des jeweiligen Pferdes zu suchen. Er kann oben am Ellbogen liegen oder auch am Ballen und an jedem Punkt dazwischen. Man findet ihn dadurch, daß man das Bein leicht mit der Gerte in immer gleicher Stärke »abklopft« und beobachtet, an welchem Punkt das Pferd sich gestört fühlt und das Bein anhebt. Evtl. muß man das mehrmals hintereinander versuchen, um den Punkt zu finden. Der Punkt, der das Pferd zum Heben des Vorderbeins veranlaßt, kann jedoch auch unter dem Bauch, hinter dem Ellbogen liegen. Das kreisende Seilende sollte nicht verwendet werden; es arbeitet zu ungenau. Die

Rückwärts am langen Zügel.

Gerte hat hier, wie auch bei den versammelnden Übungen, Vorteile durch eine größere Reichweite bei besserer Dosierbarkeit der Hilfen.

Man tippt das Pferd nun am empfindlichsten Punkt des Vorderbeines an und wartet darauf, daß es der Störung mit einem Anheben des Beines begegnet. Dann lobt man es sofort, egal, wie hoch und wie weit das Bein gehoben wurde. Bei solchen Spielereien sind Leckerbissen eine besonders gute Motivation zum Weitermachen. Man wiederholt die Prozedur ein paarmal mit beiden Beinen und führt das Pferd zwischendurch immer in freiem Schritt vorwärts. Es darf sich nicht verklemmen. Damit läßt man es an den ersten Tagen bewenden.

Später versucht man, die Bewegung des Beines nach vorne-oben zu verbessern, so daß eine hohe Aktion aus der Schulter heraus entsteht. Dazu gibt man sich nicht mit dem einfachen Anheben des Beines zufrieden, sondern tippt nach dem Anheben noch ein paarmal an. Das Pferd streckt nun oft das Bein vermehrt nach vorne weg und wird dafür sofort (mit Futter) gelobt.

Das Antippen darf nie in ein Schlagen ausarten – es muß immer infolge der Anhäufung von leichten Störaktionen dem Pferd allmählich unangenehm werden – es darf jedoch keine Angst vor der Gerte verursachen.

Streckt das Pferd ein Vorderbein schön aus, so lobe man mit Futter und führe ein paar Schritte in flottem Schritt, fordere dann das andere Bein zum Strecken und führe wieder im freien Schritt. Der losgelassene Schritt ist sehr wichtig, um das Mittreten der Hinterhand zu erhalten.

Nach ein paar Tagen verkürze man die Schrittphasen auf jeweils 6 Schritte nach jedem Strecken des einen und des anderen Beines, schließlich bis auf 3 Schritte.

Mit diesen regelmäßigen Schrittfolgen bekommt man einen Grundrhythmus in die Bewegung hinein und verhindert das Nachschleppen der Hinterhand.

Um ein Verbiegen des Pferdes in sich selbst bei dieser Übung zu vermeiden, kann man Ausbinder verwenden.

Der Spanische Tritt hat neben dem reinen Show-Effekt auch noch den, das Pferd freier in der Schulter zu machen.

139

Referenz

Manchen Pferden ist die Referenz sehr leicht beizubringen. Man kann dies mit verschiedenen Methoden tun. Eine davon ist, das Pferd mit Hilfsseilen und einem Helfer sanft aber bestimmt »herunterzuziehen«. Ein zweiter Helfer steht mit Futter bereit, um das Pferd zu beruhigen und zu belohnen. Das Pferd ist mit Trense oder Sidepull ausgerüstet.

Ihm wird je ein Seil um jede Vorderfessel geschlungen (abpolstern, damit es keine Reibungsverletzungen gibt). Dann gewöhnt man es daran, daß es dem Zug der Seile ein wenig nachgibt, ohne in Panik zu geraten. Wenn es mit den beiden Seilen ruhig bleibt, kann man nach ein paar Tagen damit beginnen, ein Bein etwas nach hinten anzuwinkeln und hochzuziehen.

Bleibt das Pferd dabei ruhig, beginnt man, es ein wenig durch Zug am Zügel nach hinten zu ziehen. Der Helfer am zweiten Strick sollte dabei das gestreckte Vorderbein vorne halten. Das angewinkelte Vorderbein läßt man in dem Augenblick, in dem das Pferd seinen Schwerpunkt nach hinten verlegt, wieder etwas lockerer, damit es auf diesem knien kann. Fängt das Pferd an zu zappeln, so löse man sofort überall den Zug und beginne nach einer Beruhigungspause neu. Versucht man, das Pferd mit Gewalt in Form zu ziehen, so wird es panisch reagieren und kann für die Übung ein für allemal verdorben sein.

Wichtig ist es, das Pferd in der Phase zu loben (zu füttern), in der es sich unten befindet. Man sollte nun mit der Zeit versuchen, es so lange unten zu behalten, bis es ein Kommando zum Aufstehen bekommt. Das wird am Anfang nicht funktionieren; denn das Pferd wird froh sein, wenn es sich wieder aus dieser »Zwangslage« erheben kann.

Referenz

Später kann man die Phasen, in denen es kniet, länger ausdehnen, indem man es lange füttert.

Mit vielen Pferden (besonders den verfressenen Vertretern der Gattung) kann man die Referenz auch allein – ohne Seile und Helfer üben.

Dazu stellt man sich neben das Pferd mit Blickrichtung zu seinem Schweif. Man faßt seinen Vorderfuß, als ob man die Hufe säubern wollte. Dann dreht man sich, so daß man fast parallel zum Pferd steht. Man hält dabei mit der äußeren Hand das Bein des Pferdes. Die freie innere Hand führt man mit etwas Futter zwischen den Vorderbeinen des Pferdes durch und hält dem Pferd das Futter vor die Nase. Hat es das erste Maulvoll genommen, so zieht man die Hand langsam wieder zwischen den Vorderbeinen zurück – das Pferd folgt mit der Nase. Gleichzeitig zieht man den angehobenen Vorderfuß ein wenig zurück. Der andere bleibt von allein stehen. Wenn sich das Pferd nun aufs Erreichen des Futters konzentriert, führt es – ganz nebenbei – die Referenz aus. Bei dieser Methode kann keine Angst beim Pferd entstehen; denn der Ausbilder kann in jeder Phase der Übung loslassen, wenn das Pferd sich beengt fühlt und sein Bein wegzieht (er ist gar nicht in der Lage, das Pferd festzuhalten). Außerdem spart man sich den Aufwand mit zwei Helfern.

Nachteil dieser Methode ist, daß man weniger Kontrolle über das Pferd hat, wenn es wieder aufstehen will.

Um eine völlige Kontrollierbarkeit der Übung zu gewährleisten, kann man evtl. beide Methoden kombinieren. Auch wenn ein Pferd ohne Seile die Referenz gelernt hat, kann man die einzelnen Phasen durch späteren Einsatz von Seilen kontrollierbarer machen. Auf hartem Boden darf diese Übung nicht ausgeführt werden. Am besten ist ein Sandplatz.

Hinsetzen lassen

Auch hier muß der Boden weich sein. Indem man beide Hinterbeine des Pferdes unter dem Fesselgelenk mit Seilen versieht und sie dann langsam nach vorne zieht, veranlaßt man das Pferd dazu, sich aus dem Stand hinzusetzen. Ein Helfer steht dabei am Kopf des Pferdes und hindert es daran, nach vorne wegzulaufen. Zwei andere stehen seitlich am Pferd und ziehen die Hinterbeine langsam nach vorne.

Nach der Gewöhnung an die Seile versucht man, die Hinterbeine jeden Tag ein wenig mehr nach vorne zu bekommen. Der Helfer vorne lenkt das Pferd durch Füttern ab.

Damit das Pferd nicht einfach tief herunterplumpst, legt man hinter die Hinterhand zwei Strohballen, auf die es sich erst einmal »setzen« kann.

Das Pferd wippen lassen

Die Wippe ist eines der Hindernisse im Trailparcours der Westernreiter. Sie wird normalerweise einfach vorwärts überwunden. Geht das Pferd schon problemlos über Brücken, so kann man es über die Wippe schicken. Am Anfang wird das Pferd vermutlich erschreckt abspringen, wenn diese kippt. (Ist ein Pferd furchtbar ängstlich auf der Wippe, so kann man diese mit einem Unterbau für eine Weile feststellen – wie eine Brücke – und das Pferd über die nicht kippende Wippe schicken.) Man wiederholt die Übung in der gleichen Form, in der man das Pferd durch Engpässe schickt, bis es auch beim Abkippen der Wippe ruhig bleibt.

Später hält man das Pferd etwa im Mittelpunkt der Wippe an, wenn sie gerade gekippt ist, und läßt es ruhig stehen. Das wiederholt man ein paarmal. Schließlich läßt man es danach ein bis zwei Tritte rückwärtsgehen, so daß diese wieder zurückkippt und läßt es wieder stehen. Das gleiche wieder nach vorn und wieder nach hinten – und das Pferd wippt. Besonders spektakulär ist dies, wenn man das Pferd völlig frei auf der Wippe stehen lassen kann und später nur noch mit leiser Stimme bzw. mit minimaler Veränderung der eigenen Körperposition in Form von leichtem Vor- und Zurücktreten die Kommandos gibt.

(Funktioniert das an der Hand, so ist das Wippen mit Reiter eine reine Formsache, denn das Pferd hat keine Angst mehr vor dem Kippen.)

Ansätze zu Schaunummern

Aus der Bodenarbeit ergeben sich viele Möglichkeiten, seine Pferde in Showvorführungen zu präsentieren. Aus den Trailübungen und dem Ausweichtraining können viele Bereiche für Schaunummern aufbereitet werden.

Man kann das Pferd bei einer Vorhandwendung mit einem oder beiden Vorderbeinen in einen Reifen stellen oder auf ein Podest. Das Pferd kann statt durch das Stangenlabyrinth durch ein wogendes Meer von Luftballons laufen. Man kann es dazu bringen, daß es mit einem Gymnastikball Fußball spielt. Man kann es vorwärts und rückwärts durch flatternde Bänder (Flattertore) schicken, über mit Luftballons bestückte Stangen oder auch über Feuer springen lassen, u.s.w.

Alles ist an der Hand trainierbar und kann danach natürlich auch unter dem Reiter gezeigt werden.

Grundlagen der Freiheitsdressur mit mehreren Pferden

Zum Abschluß der Bodenarbeit einen kleinen Ausblick auf einen Bereich der Arbeit mit Pferden, die den meisten Reitern »ein Buch mit sieben Siegeln« ist: Die Freiheitsdressur in Vollendung, wie man sie im Zirkus zu sehen bekommt.

Damit man das freie Pferd ohne Longe kontrollieren kann, braucht man anfangs auf jeden Fall einen Round-Pen (um es in der Zirkus-Terminologie auszudrücken: eine Manege), um es immer in Reichweite zu halten. Eine kurze Peitsche mit langem Schlag ist das einzig nötige Hilfsmittel – zur Verlängerung der eigenen Reichweite und um das Pferd aufmerksam zu machen, wenn dessen Aufmerksamkeit zu wünschen übrigläßt. Das Pferd sollte ein Halfter am Kopf haben, um ihm den Unterschied zum freien Spiel zu signalisieren.

Das Arbeiten auf Distanz und auch die Cavalletti-Arbeit ohne Longe war schon eines der grundlegenden Elemente der Freiheitsdressur.

Man muß das Pferd nun über die Hilfen, die einem noch verbleiben, wenn keine Zügel- oder Longenverbindung mehr besteht, kontrollieren: Es sind dies Stimme, Körpersprache und Peitsche als verlängerter Arm.

Will man später eine Freiheitsdressur mit mehreren Pferden zeigen, so nimmt man erst jedes teilnehmende Pferd einzeln in die Manege. Dabei trainiert man es dahingehend, daß es an ganz genau vorbestimmten Stellen z. B. immer anhält und rückwärts geht. Oder daß es sich an Punkt X immer zum Ausbilder wendet und in die Mitte kommt – oder wendet und steigt etc. Das Pferd muß seine Positionen innerhalb der Manege bei bestimmten Kommandos gewissermaßen auswendig lernen. Diese Einzelarbeit mit jedem Pferd kann bis zu einem Jahr dauern. Jedes Pferd hat in der Einzelarbeit seine Lektionen an einer anderen Stelle der Manege auswendig gelernt. Nimmt man nun die Pferde zusammen – erst zwei, dann immer eines dazu – so kennt jedes seine Position innerhalb des Kreises und ist auf den Ausbilder in der Mitte fixiert. Durch die Fixierung auf den, der in der Mitte steht, sollte es auch unter Hengsten, die ja meist in der Zirkusarbeit verwendet werden, nicht zu Rangstreitigkeiten kommen. Zudem sind alle Pferde bei dieser Arbeit ausgebunden. Das Auswendig-Kennen der Position in der Manege wird bei der Arbeit mit allen Pferden schließlich ersetzt durch die Aufreihung der Pferde. Die Pferde lernen dann ihre Position in Relation zu den anderen Pferden (und dem Ausbilder) auswendig. Damit können sie auch außerhalb der bekannten Manege vorgeführt werden.

Ansatz zur Referenz ohne Hilfsmittel.

Literaturhinweise

MOSHÉ FELDENKRAIS:
Bewußtheit durch Bewegung
Suhrkamp TB 429

MOSHÉ FELDENKRAIS:
Die Entdeckung des Selbst-
verständlichen
Suhrkamp TB 1440

MOSHÉ FELDENKRAIS:
Abenteuer im Dschungel des Gehirns
Suhrkamp TB 663

WILHELM BLENDINGER:
Psychologie und Verhaltenweise des
Pferdes
Erich Hoffman Verlag

Richtlinien für Reiten und Fahren
(Teil. Richtl. für das Fahren)
Deutsche Reiterliche Vereinigung (FN)
Warendorf

HANNES LINDEMANN:
Überleben im Streß
-Autogenes Training-
Heyne-Sachbuch Nr. 19/41

Praxiswissen für Pferdebesitzer und Reiter

Kerstin Diacont

Das Westernpferd · Der Westernreiter

Ausrüstung, Haltung und Ausbildung

Einfühlsame, verhaltensgerechte und folgerichtige Ausbildung des Pferdes; westernspezifische Minimalhilfengebung, Sitz und Einwirkung des Reiters in den Grundgangarten; Verstehen der natürlichen Verhaltensweisen und Reaktionen des Pferdes.

Tom Ainslie/Bonnie Ledbetter

So verstehen Sie Ihr Pferd

Körpersprache und Verhalten

Fundiertes Praxisbuch über Natur, Bewußtsein und Sozialverhalten des Pferdes: viele Beispiele zu Körpersprache und Problemlösungen, Anleitungen zur Erziehung des Fohlens, Tips zum Kauf eines Pferdes oder Rennpferdes.

Elwyn Hartley Edwards

Pferdeausbildung

Von der Weide zum Turnier

Grundkenntnisse über Anatomie und Psychologie des Pferdes, Kauf und Ausrüstung, Ausbildungsprogramme vom Longieren bis zum Dressur- und Springreiten.

Ulrik Schramm

Die Untugenden des Pferdes

im Stall und unter dem Sattel

Voraussetzungen, Ursachen und Erscheinungsformen von Untugenden im Stall und unter dem Sattel, Korrekturmöglichkeiten, Ratschläge für die Pferdepraxis.

Selma Brandl

Die Moderne Reitschule

Der richtige Weg zur Harmonie im Sattel

Die moderne Reitlehre: der richtige Umgang mit dem Pferd, seine artgerechte Haltung, die Ausbildung von Pferd und Reiter in allen Reitweisen – mit vielen Abbildungen, die die Faszination der Pferde und des Reitsports eindrucksvoll vermitteln.

Colin Vogel

Das Beste für mein Pferd

Der praktische Ratgeber für Haltung und Gesundheit, Pflege und Ausrüstung

Einfühlsame Pflege und Haltung – orientiert an den Bedürfnissen des Pferdes: der optisch perfekt gestaltete Ratgeber mit über 750 Farbfotos für verantwortungsbewußte Pferdebesitzer und Reiter, denen das Wohlergehen ihres Pferdes am Herzen liegt.

Im BLV Verlag Garten und Zimmerpflanzen • Natur • Heimtiere • Jagd • Angeln • Pferde und
finden Sie Bücher Reiten • Sport und Fitneß • Tauchen • Reise • Wandern, Bergsteigen, Alpinismus •
zu folgenden Themen: Essen und Trinken • Gesundheit, Wohlbefinden, Medizin

Wenn Sie ausführliche Informationen wünschen, schreiben Sie bitte an:
**BLV Verlagsgesellschaft mbH • Postfach 40 03 20 • 80703 München
Telefon 0 89 / 1 27 05-0 • Telefax 0 89 / 1 27 05-543**